O QUE FREUD DIZIA
SOBRE AS MULHERES

FUNDAÇÃO EDITORA DA UNESP

Presidente do Conselho Curador
Mário Sérgio Vasconcelos

Diretor-Presidente
Jézio Hernani Bomfim Gutierre

Superintendente Administrativo e Financeiro
William de Souza Agostinho

Conselho Editorial Acadêmico
Danilo Rothberg
João Luís Cardoso Tápias Ceccantini
Luiz Fernando Ayerbe
Marcelo Takeshi Yamashita
Maria Cristina Pereira Lima
Milton Terumitsu Sogabe
Newton La Scala Júnior
Pedro Angelo Pagni
Renata Junqueira de Souza
Rosa Maria Feiteiro Cavalari

Editores-Adjuntos
Anderson Nobara
Leandro Rodrigues

JOSÉ ARTUR MOLINA

O QUE FREUD DIZIA SOBRE AS MULHERES

2ª edição

editora
unesp

© 2015 Editora Unesp

Direitos de publicação reservados à:

Fundação Editora da Unesp (FEU)
Praça da Sé, 108
01001-900 – São Paulo – SP
Tel.: (0xx11) 3242-7171
Fax: (0xx11) 3242-7172
www.editoraunesp.com.br
www.livrariaunesp.com.br
feu@editora.unesp.br

CIP – Brasil. Catalogação na publicação
Sindicato Nacional dos Editores de Livros, RJ

M734q
2.ed

Molina, José Artur
   O que Freud dizia sobre as mulheres / José Artur Molina. – 2.ed. – São Paulo: Editora Unesp, 2016.
   Inclui bibliografia
   ISBN 978-85-393-0628-2

   1. Freud, Sigmund, 1856-1939 – Crítica e interpretação. 2. Mulheres – Saúde mental. 3. Histeria. 4. Feminilidade. 5. Psicanálise. I. Título.

16-33045.
                                                              CDD: 150.1952
                                                              CDU: 159.964.2

Editora afiliada:

A Josefina, que me ensinou a nascer
A Janaína, que me ensinou a cuidar
A Irmã Maria, que me ensinou a ler
E à outra Maria, que me ensinou a amar

COM LICENÇA POÉTICA

Quando nasci um anjo esbelto,
Desses que tocam trombeta, anunciou:
Vai carregar bandeira.
Cargo muito pesado pra mulher,
Esta espécie ainda envergonhada.
Aceito subterfúgios que me cabem,
Sem precisar mentir,
Não sou tão feia que não possa casar,
Acho o Rio de Janeiro uma beleza e
Ora sim, ora não, creio no parto sem dor.
Mas o que sinto escrevo. Cumpro a sina.
Inauguro linhagens, fundo reinos
– dor não é amargura.
Minha tristeza não tem pedigree,
Já a minha vontade de alegria,
Sua raiz vai ao meu mil avô.
Vai ser coxo na vida é maldição pra homem.
Mulher é desdobrável. Eu sou.

Adélia Prado, 1935

SUMÁRIO

1 Um mal-estar na psicanálise   **11**

2 Política, sociedade e a mulher na Viena do século XIX   **19**

3 As mulheres de Freud   **55**

4 As mulheres de Schnitzler   **85**

5 As mulheres de Gustav Klimt   **123**

6 As mulheres de Viena: sintoma de uma época   **155**

Referências bibliográficas   **181**

1

UM MAL-ESTAR NA PSICANÁLISE

A psicanálise se constrói a partir de um fracasso: a incapacidade da ciência médica de meados do século XIX em tratar de uma série de sintomas que desafiavam o saber racional médico (herdeiro do projeto iluminista), o que fez com que tentativas de solução desses problemas começassem a aparecer. Enigmáticos, esses sinais apresentados pelos pacientes (que eram, sobretudo, mulheres) intrigavam os médicos naquele momento, porque não se conseguia descobrir a origem de seu surgimento, ou mesmo localizá-los fisicamente a partir do exame de tecidos ou órgãos biológicos.

Dessa forma, as histéricas – como eram conhecidas as mulheres que apresentavam sintomas que a nosografia médica até então não conseguia classificar – foram, por muito tempo, excluídas da medicina moderna (durante praticamente todo o século XIX). Foi apenas com Sigmund Freud, com seu empenho e espírito desbravador, e que não renunciava ao desafio de entender aqueles fenômenos, que essa situação começa a mudar. A partir de suas pesquisas – e da escuta de inúmeras pacientes –, Freud fez descobertas preciosas, chegando à elaboração de um conceito-chave e propondo também um método de tratamento: o inconsciente e a psicoterapia. Ambos desencadeiam uma verdadeira revolução epistemológica, produzindo até mesmo uma subversão dos pressupostos científicos da época, indicando que novos tempos se avizinhavam.

O projeto psicanalítico origina-se, portanto, de uma dor, de algo que não quer calar justamente porque não podia dizer: a dor das mulheres. E essa nova prática, é bom frisar, não surge como uma filosofia. Freud sempre se eximiu de fazer da psicanálise uma filosofia, embora não tenha podido evitar contaminar-se com tantas influências a que um saber está sujeito.

A psicanálise renunciou, desde o princípio, a colocar o sujeito apenas sobre a égide da razão. Se levarmos em consideração as características desses novos tempos em que vivemos, como levanta Santaella (1996), (nos quais vivenciamos a crise do império da razão, o privilégio da heterogeneidade e da diferença como forças libertadoras), veremos que ela se encontra num terreno bastante familiar, navegando com desenvoltura nesses "oceanos modernos".

Entretanto, essa aparente habilidade não duraria para sempre, uma vez que a psicanálise passou a ser questionada, principalmente em sua proposta de constituição do sujeito a partir de uma tríade edípica. A tramitação edípica coloca, de fato, uma camisa de força sobre o singular saber freudiano (o inconsciente e o método), posto tratar-se de uma tentativa de organizar – leia-se racionalizar – e universalizar uma constituição (do sujeito) que não pode ser atribuída a estritos núcleos familiares, e a intimidades irredutíveis.

A psicanálise bebe do mesmo veneno que a medicina vienense provara na derrocada da racionalidade do saber médico com respeito às histerias. É como se o projeto de Freud tivesse a intenção de trazer a psicanálise para o domínio da ordem da lei, em detrimento do caos do inconsciente. Por essa razão, ela se transformou num "Judas" ou numa "Geni" para boa parte da comunidade científica de então, sendo ainda (até hoje) alvo de críticas vindas de todos os campos do saber: dos "iluministas" aos "vanguardistas" das filosofias-pop. As análises de seus detratores são tão apaixonadas que esses discípulos das vozes discordantes saem às ruas para malhar seu "Judas", até que ele se reduza a cinzas; e dessa experiência (psicanalítica) parece não ter sobrado nada.

Talvez estejamos vivendo hoje no olho do furacão pós-moderno, que pressupõe um despojamento de todos os saberes definitivos e uma flutuação entre coisas efêmeras, provisoriedades.

Fato é que o casco do navio psicanalítico contém fissuras, que foram causadas por intenções estruturalistas. Gostaria de destacar, em especial, duas delas, que estão trazendo muita água para o interior da nau: a proposta das estruturas clínicas e a questão da feminilidade, ambas oriundas do processo edípico.

Um analista bem-intencionado também não poderia negar a explosão de uma rica gama de novos quadros psíquicos e de novos sintomas, que estariam até mesmo subvertendo a lógica do simbólico em nossos dias. A psicanálise, entretanto, jamais afirmou a não existência de outro mundo para além do simbólico – lugar esse (o simbólico) que seria uma espécie de jardim do Éden, não apenas no que se refere ao bem-estar psíquico, mas também à aplicação de seu método. E, como consequência, o que estivesse fora dessa paisagem seria um campo de exceção.

Se por um lado Freud tem o mérito de inaugurar um quadro reduzido das chamadas formações psíquicas (as neuroses, psicoses e perversões), fugindo da enorme gama de quadros psicopatológicos propostos pela psiquiatria (as rotulagens amparadas em descrições sintomáticas), por outro lado a ideia de estrutura dentro de uma tramitação edípica estaria funcionando como um redutor das possibilidades de expressão de subjetividades. Como segurar a barreira de uma proposta de estrutura psíquica em três categorias e, ao mesmo tempo, conseguir apaziguar dentro desse lugar os desafios que as novas sintomáticas vêm

14 JOSÉ ARTUR MOLINA

trazendo para a clínica psicanalítica? O que era exceção está se convertendo em regra.

Para salvar os dedos e não perder os anéis surge a expressão borda: os pacientes não psicóticos, mas próximos a essa fronteira, seriam qualificados como borderlines. Mas essa denominação é insuficiente, considerando que cada vez mais nos encontramos com pacientes que apresentam expressões fora do simbólico e, nem por isso, estariam na "borda" – se é que esse lugar existe.

A verdade é que, no mesmo lugar onde a psicanálise foi construída (na relação analítica), ela está sendo questionada. E não se trata da técnica – no sentido do estímulo à produção discursiva dentro do espírito da associação livre –, mas do enquadramento diagnóstico dentro de categorias que não conseguem abarcar singularidades.

A outra pedra no sapato é a questão do feminino. O feminino seria uma subformação do seu suposto inverso, o masculino. Se a castração é o grande argumento para projetar o sujeito ao mundo da metáfora, como poderia o feminino ter acesso a esse lugar? Pela inveja do pênis? Como alguém que já perdeu pode constituir-se sobre uma punição de ver-se livre daquilo que não tem? Não teria Freud, naquele momento, sucumbido à tentação de eternizar o modelo fálico vigente de seu tempo? Seria um sintoma de sua época?

O mundo dos homens e da soberania desabava na queda das monarquias. Havia uma intenção de construir um mundo de leis amparadas na democracia, mas estas também naufragaram. A ênfase de Freud de que só a lei pode estruturar o sujeito seria, então, um sinal de sua ausência naquele entorno? O fundamentalismo fálico encarnaria um saber escravo da tradição?

Para desarticular o lugar estratégico desse paradigma na psicanálise é necessário pôr em questão seu discurso não apenas pela via da história dos saberes e das práticas, mas também pelos caminhos tortuosos da história social e política do Ocidente.

Em outras palavras, é preciso demonstrar como a modernidade se construiu pela desconstrução da antiga hierarquia entre os sexos por meio da formulação de uma diferença ontológica entre eles. O sexo único da Antiguidade transformou-se em diferença essencial dos sexos, num discurso biologicamente fundamentado, no qual as faculdades morais são diretamente derivadas das marcas do organismo. Desse modo, constituíram-se o biopoder e a bio-história, que se tornaram as bases do gigantesco processo de medicalização que marca o Ocidente desde o fim do século XVIII. (Birman, 2002, p.9)

Por outro lado, o tempo que abre a pós-modernidade vai ampliar de forma contundente as possibilidades subjetivas. Santaella (1996) atribui ao contemporâneo a seguinte característica: "idade pós-moderna (que é também chamada de pós-industrial, pós-histórica, era da comunicação, informática, telemáticas, abrindo portas para uma nova idade pós-mídia-intermídia)". E, abusando de citações, continuo com Santaella numa afirmação que considerei acolhedora de minhas indagações:

> Enfim, se conseguirmos ultrapassar este limiar ou iminência de nos destruirmos, penso que, se inventarmos os caminhos que nos safem disso, como seres humanos estaremos saltando para um outro patamar. Qual será? Se começarmos a observar a familiaridade, intimidade, agilidade mental, disposição espontânea, sensibilidade (não venham dizer que não!) com que as crianças, desde a mais tenra idade, estão interagindo com este universo cada vez mais povoado de signos, botões e seres (sonoros e visuais) sintetizados, talvez possamos enxergar aí algum prenúncio. (Santaella, 1996, p.2)

E é este o prenúncio de algo que nos interessa. Dessa forma pretendo aqui trazer à luz o ambiente político e cultural da Viena de fins do século XIX para podermos responder à seguinte

16 JOSÉ ARTUR MOLINA

questão: como pode um homem genial como Freud ter sido tão conservador na conceituação do feminino? Sobretudo porque sua obra pioneira começa a ser escrita exatamente a partir da escuta das histéricas. Ademais, o cenário cultural e político daquele tempo anunciava, mesmo que timidamente, uma nova forma de ser e enxergar o mundo.

Este livro, portanto, parte do pressuposto de que assim como houve uma mudança radical nas estruturas políticas, econômicas, culturais e da subjetividade com o advento da modernidade (que permitiu, inclusive, o aparecimento da psicanálise), outras mudanças, de igual ou até de maior monta, aconteceram posteriormente, exigindo a revisão radical de dogmas e verdades estabelecidas.

Isso nos leva a colocar em suspenso teorizações consagradas na psicanálise e examiná-las com todo rigor e liberdade crítica, não só dentro do panorama da atualidade, mas também do próprio panorama sociopolítico e cultural vivido por Freud.

Desse pressuposto geral decorre outro, diretamente relacionado ao nosso objeto específico de estudo: se Freud foi reconhecidamente um homem de seu tempo, tendo a sagacidade e a sabedoria para perceber e escutar um sintoma da época – a histeria – parece não ter conseguido levar adiante sua escuta do feminino, sucumbindo à falocracia que silenciava e sufocava a mulher.

Freud não viveu uma época qualquer; seu tempo esteve no epicentro de um marco da história da civilização ocidental, cujo paradigma haveria de se alastrar pelo resto do mundo: a modernidade (Berman, 1998). O mundo estava em plena em ebulição, e Viena transformava-se em todos os sentidos; o cenário era de um apocalipse festivo. De um lado vibravam os vanguardistas – entre eles Freud e seu inconsciente e seu método terapêutico –; do outro rosnavam os tradicionalistas – entre eles, Freud e seu conceito de feminino, que surge de uma posição de existência: a mulher. Averiguar, portanto, que tempo é esse, é algo de extrema importância;

saber em que política o mundo dos homens naufragou na Viena do XIX assevera-se, sob essa perspectiva, algo fundamental.

Além disso, e seguindo a própria sugestão de Freud, incursionamos pelo campo artístico e literário para saber que tipo de mulher estava sendo construída no final daquele século. Visitamos a literatura de Arthur Schnitzler (que faz da mulher protagonista de sua obra) e a pintura de Gustav Klimt (que dedica toda sua arte à mulher): na arte, elas seriam desnudadas, sem pecado e sem pudor.

> Faz-se urgente um diálogo interdisciplinar da psicanálise, a fim de que, sem perder sua especificidade teórica, ela também possa avançar nas questões cruciais da contemporaneidade pela interpelação fecunda trazida pelas outras disciplinas. (Birman, 2002, p.10)

O que Freud diz sobre as mulheres é, antes de tudo, o que seu entorno fala sobre elas. Nesse sentido é conveniente explorar a política, a sociedade, a literatura e a pintura para nos aproximar do tema.

Que sorte de ameaças poderiam estar contaminando o criador da psicanálise? O que avançava e o que recuava em seu pensamento?

Freud sempre afirmou que não considerava a psicanálise como um saber concluído; a tarefa de colocar a psicanálise num terreno onde ela possa, de fato, abandonar conceitos claudicantes e encontrar um "bom" caminho está, portanto, em aberto. Boa parte das instituições oficiais e não oficiais do *establishment* psicanalítico, na sua falta de ousadia, escondem-se atrás dos conceitos tradicionais, dando estatuto bíblico à obra freudiana. Do que se trata? Levantar a bandeira psicanalítica por sua produção singular e perdoar as intenções de Freud que, afinal, eram filhas do seu tempo iluminista.

2
POLÍTICA, SOCIEDADE E A MULHER
NA VIENA DO SÉCULO XIX

Os ventos da Revolução Francesa sopram sobre toda a Europa. A França inventa a República moderna e, com ela, a guilhotina. A revolução, ao contrário do que se poderia esperar, não representou a liberdade para a plebe excluída, mas um regime de exceção: a luta contra o absolutismo monárquico fora substituída pelo absolutismo republicano. A ideia da revolução seduziu a Europa, mas, por outro lado, o novo modelo republicano acabou sendo implantado com extrema violência. Uma de suas vítimas mais conhecidas foi a alegre Rainha Maria Antonieta, que nunca fora realmente aceita pelo povo francês – não só por que ela transformara a corte numa festa permanente, mas, e sobretudo, porque era austríaca. Maria Antonieta, irmã de José II (herdeiro da coroa dos Habsburgo) e filha de Maria Teresa (que comandou o Império Austro-Húngaro com mãos de ferro), casou-se com Luís XVI por desejo da mãe, já que na época ele era príncipe herdeiro da monarquia francesa (o que nos oferece um bom exemplo de como a política matrimonial era utilizada para defender o patrimônio). A então rainha da França até tinha a esperança de ser repatriada com seus filhos para a Áustria, mas os rebeldes, comandados por Robespierre, foram

20 JOSÉ ARTUR MOLINA

inclementes e queriam ver seu sangue ser derramado sob a ação da guilhotina; a ordem era de não deixar nenhuma semente real que pudesse ameaçar a República (seus filhos também morreram pouco tempo depois da mãe, por maus tratos).

As monarquias europeias, como se vê, vinham sofrendo com os ventos da mudança. Francisco José I (imperador do Império Austro-Húngaro), talvez para não perder os dedos, decide governar junto a uma classe política cada vez mais reivindicativa, e aceita um regime monárquico parlamentarista: o império começa a assistir às sementes do capitalismo germinarem. Viena vai paulatinamente se transformando numa metrópole, passando a atrair trabalhadores de outras regiões e estimulando casas bancárias a ali se estabelecerem: estamos diante de uma sociedade cansada de guerrear e que decide, finalmente, obter o poder através do dinheiro. Paralelamente a essa mudança, assiste-se no campo da economia ao advento do liberalismo, que promove a implementação de indústrias em todo o império e, com ele, uma destituição progressiva do trabalho artesão.

O regime permanece, contudo, sendo de exclusão, simplesmente moldando-se a uma poderosa classe emergente que exigia ser respeitada por seu poder financeiro: a burguesia liberal. Os burgueses fazem um pacto de boa convivência com a monarquia vienense, de forma que ambos passam, então, a conviver sem grandes ameaças. E se por um lado a aristocracia decadente ressente-se do fato de a monarquia ver-se obrigada a "descer" para dialogar com esses novos ricos, por outro a burguesia ascendente passa a frequentar os mesmos ambientes dos antigos ricos – locais em que os burgueses até eram aceitos, mas com bastante parcimônia e hipocrisia.

A burguesia, em princípio, não gozava do prestígio da aristocracia. Apesar disso não era rancorosa, pelo contrário, era condescendente com tudo e todos, desde que não atrapalhassem os negócios. E nesse ambiente de "tolerância", os judeus poderiam viver sem ameaças, dado que mesmo o conceito de raça e os cre-

O QUE FREUD DIZIA SOBRE AS MULHERES 21

dos tornam-se elementos secundários nessa sociedade, na qual o importante agora eram os negócios.

Para os adversários do liberalismo, judeus e capitalismo sempre foram considerados sinônimos. O Estado Multinacional dos Habsburgo tinha total apoio da comunidade judaica (os judeus pareciam não ter muita vocação para se rebelar contra o poder constituído).

A cultura judaica associa-se aos países e cidadãos que defendiam o pluralismo político, a liberdade econômica e a tolerância religiosa, e é nesse sentido que foi possível a ela identificar-se com o liberalismo. Schorske (1988), por exemplo, aponta que o liberalismo vienense guarda semelhanças com o de outros países da Europa, mas conserva peculiaridades. Segundo o autor, ele estaria dividido entre componentes morais e estéticos contraditórios, o que permitiu que inteligências dentro do espírito liberal pudessem encontrar soluções diferentes para as constantes crises que ocorriam em seu interior:

> O liberalismo austríaco, como na maioria das nações europeias, conheceu sua idade heroica na luta contra a aristocracia e o absolutismo barroco. Essa luta encerrou-se com a extraordinária derrota de 1848. Os liberais moderados chegaram ao poder e, quase que à sua revelia, estabeleceram um regime constitucional nos anos 1860. O que os levou à direção do Estado não foi a sua força interna, mas as derrotas da velha ordem às mãos de inimigos externos. Desde o início, os liberais tiveram de partilhar o poder com a aristocracia e burocracia imperiais. Mesmo durante seus vinte anos de governo, a base social dos liberais continuou frágil, restrita aos alemães e judeus alemães de classe média urbana. Cada vez mais identificados com o capitalismo, conservaram o poder legislativo graças ao expediente não democrático de direito de voto restrito. (Schorske, 1988, p.27)

Entretanto, uma sociedade que continua a propagar a pobreza e destituir o artesão, fomentando com isso o desemprego, não poderia ter vida longa. Assim como na Revolução Francesa, durante a qual o preço do trigo fora o estopim para o movimento rebelde, o Império Austro-Húngaro começa a se esfacelar com a crise em 1872. A quebra da bolsa desmoraliza os liberais de afã democrático e os judeus, que tinham em suas mãos vários bancos, são acusados de inescrupulosos, agiotas e ladrões. Esse acontecimento dá o ensejo para a manifestação de posturas intolerantes, e, com isso, a ideia do nacional--socialismo ganha espaço: o sonho liberal começa a dar sinais de fragilidade.

Os liberais, então, acabaram sendo esmagados por partidos populistas, racistas e clericais. Sua derrota, entretanto, não anunciava a decadência do sistema, mas sua impotência em conter a fúria das massas, que eram lideradas por representantes oportunistas, ex-liberais, traidores e manipuladores. Cabe ressaltar que a ideologia separatista dos antiliberais foi apoiada, de forma entusiasmada, pelos estudantes da Universidade de Viena.

> Para a *Neue Freie Presse,* era um golpe cruel que alterava o curso racional da história. A "massa hostil à cultura" alcançara a vitória, antes que os pré-requisitos do esclarecimento político tivessem sido criados. Na terça de Carnaval de 1897, escreveu a *Neue Freie Presse,* os liberais bem que podiam usar "um nariz postiço [só] para esconder um rosto aflito. [...] Ao invés da valsa alegre, só se ouvem berros de uma turba excitada e ruidosa e os gritos dos policiais tentando dispersar os adversários [políticos]". Ansiedade, impotência, consciência agudizada da brutalidade da vida social. (Schorske, 1988, p.28)

Como os intelectuais vienenses poderiam se defender diante dessa nova ordem? A tradição liberal burguesa vienense ancorava-se em duas vertentes: a moralista-científica e a estética, e delas deveria fazer uso para poder existir. Defensores da lei

O QUE FREUD DIZIA SOBRE AS MULHERES   23

e aliados do Imperador, os liberais governaram por vinte anos; uma vez fora do poder, a alta burguesia utilizou-se do recurso da cultura para poder, sem sucesso, ser assimilada pela aristocracia. Freud tinha, na ocasião, 41 anos, e iniciava a construção da psicanálise. Teria ele avançado para além da cultura liberal com a proposta do inconsciente e, na mesma medida, recuado na formulação conceitual do feminino? Vanguarda e moralismo podem ter acompanhado o criador da psicanálise? Schorske (1988, p.28) define a cultura moral e científica:

> [...] praticamente não se distingue do vitorianismo corrente dos outros países europeus. Em termos morais, era convicta, virtuosa e repressora; em termos políticos, importava-se com o império da lei, ao qual se submetiam os direitos individuais e a ordem social. Intelectualmente, defendia o domínio da mente sobre o corpo e um voltairianismo atualizado: progresso social através da ciência, educação e trabalho duro.

Nessa mudança de valores que habita o fim do século XIX, é compreensível que alguns avancem para a outra margem – a fim de visualizar um novo horizonte –, e outros, amedrontados, recuem para o porto seguro da tradição. A desintegração dessa moral-estética faz com que Freud percorra os dois caminhos. Por um lado avance e, por outro, recue: intelectuais inventivos e mulheres no matrimônio!

Junto ao caos, Viena convive com uma alegria de viver inesperada. Um passeio pelo Prater (observando-se ali os teatros e suas operetas, sobretudo – obras que possuíam temas sempre muito preconceituosos com respeito à mulher) revela-nos informações interessantes:

> Todos os clichês referentes às mulheres encontram-se nos diálogos e letras das árias de opereta que são cantaroladas por

toda parte; [...] gostava-se de se ouvir dizer que as mulheres são frívolas, infiéis, ao mesmo tempo que bobas e maliciosas e que estão prontas a se apaixonar pelo primeiro que lhes fizer um elogio. As mulheres estão tão acostumadas com essas asneiras, que riem delas tanto como seus companheiros, sem perceber que eles acreditam nelas. O "machismo" ainda não fora denunciado. [...] As heroínas das operetas famosas, nascidas da imaginação de libretistas nada atemorizados pelos estereótipos em nada se assemelham às vienenses de carne e osso. (Bertin, 1990, p.50-1)

Cabe lembrar que o teatro era na época um grande palco que ultrapassava seu recinto estrito. Ícone da cidade, da vida e da sociedade inteira, a arte teatral possuía uma enorme importância de força simbólica. Fazia pouco tempo que havia sido permitido às mulheres subir ao palco como atrizes; quando isso aconteceu – primeiro na Inglaterra e na França, e depois em outras cidades europeias, no século XVII – tratava-se de um claro sinal de que a mulher começava a despontar no palco e no teatro social como protagonista.

As histéricas podem ser consideradas mulheres que ousaram tomar o palco do cotidiano para mostrar sua condição de vida. Talvez tenha sido essa a grande descoberta de Freud: as mulheres de carne e osso.

Na Viena feminina e vivaz, os bailes proliferavam em todas as camadas sociais: na corte, o Hofball (ou Baile da Corte) era o divertimento das camadas mais altas. Havia ainda o baile da classe média emergente (o baile da Elite e o baile dos Farrapos), com intuitos sociais (arrecadar dinheiro para a caridade), e também o baile dos pobres (das Lavadeiras e dos Cocheiros de Fiacre) que, curiosamente, também atraíam pessoas elegantes, as quais aproveitavam o anonimato para fazer valer desejos secretos.

Como se vê, havia festas tanto para pobres quanto para ricos: nesse caso, Viena não se esquecia de ninguém. A cidade fervia

O QUE FREUD DIZIA SOBRE AS MULHERES 25

e clamava apaixonada por um outro destino que não fosse o de ser uma capital provinciana, e, para isso, ela não poderia viver apenas de festas!

É inegável a contribuição liberal para a transformação do império, principalmente de Viena, sua capital. Ele começa a ser industrializado, inicialmente nas regiões vizinhas como a Morávia, mas é em Viena onde as empresas estabelecem suas centrais administrativas. A população e o número de estabelecimentos duplicam-se dos anos 1840 a 1870.

Nesse período a cidade vê ser construído o primeiro hospital municipal, pois a saúde, até então, estava nas mãos da Igreja. Uma rede sanitária também foi planejada para adequar uma cidade com vocação para metrópole. O Danúbio foi canalizado a fim de salvar a cidade das frequentes inundações. O abastecimento de água foi viabilizado para que todas as residências e comércios pudessem usufruir dele.

Viena ainda conservava as fortificações militares em seu entorno, lembrando a cidade feudal em luta permanente contra os invasores, e possuía um enorme corredor para expansão caso renunciasse e demolisse essas fortificações. As forças armadas imperiais resistiam em abdicar delas, alegando possíveis ataques revolucionários socialistas. As necessidades de expansão econômica (e também espaciais), porém, venceram as paranoias dos generais antirrevolucionários; como não poderia deixar de acontecer, entretanto, o exército foi compensado com a construção de dois quartéis e um arsenal bélico, localizado perto da estação ferroviária (Francisco José não poderia ser ingrato a quem apenas queria dar-lhe segurança).

O decreto imperial de 20 de dezembro de 1857 cria a comissão de Expansão da Cidade, transformando-a para sempre (Schorske, 1988, p.48). Uma nova Viena desponta, com ares dos novos tempos: é criada a Ringstrasse, ruas em anéis, e um complexo de edifícios públicos e privados (estes últimos dividindo-se em residências e comércios) foram construídos. Uma nova

26 JOSÉ ARTUR MOLINA

concepção urbana estava sendo criada, na qual os comércios não serviriam mais de residência para seus donos ou empregados na parte superior: a construção de edifícios comerciais, alheios às residências, é a nova ordem. E, dessa forma, os artesãos começam a se sentir excluídos dessa nova lógica.

A nova Viena, a partir da perspectiva liberal, torna-se uma cidade monumental: a igreja de Votivkirche, o Parlamento, a Rathaus, a Universidade e o Teatro são bons exemplos dessa grande transformação de uma cidade de província para uma metrópole. Na tradição liberal, a política, a cultura e a Igreja deveriam estar devidamente distantes; de ruas e casas espremidas passa-se para uma cidade de espaços amplos, na qual o cidadão vienense sente-se pequeno, mas orgulhoso. Essas largas avenidas (por onde iriam circular carros, bondes e pessoas em movimento frenético) agradaram bastante aos militares, que poderiam, em caso de necessidade, deslocar tropas com facilidade.

A Viena dos liberais é uma cidade moderna, com passos largos no que diz respeito à economia, mas, ao mesmo tempo, sem um estilo arquitetônico que a sintetizasse. Do clássico grego, passando pela renascença e com presença gótica e, principalmente barroca, essa é a "cara" dessa nova Viena. Nela os homens de negócio acabam de aportar, exigindo, com discrição, um lugar de poder junto ao império absolutista e pedindo à aristocracia permissão para sua entrada na corte.

Seguindo o lema iluminista de que o conhecimento liberta, os liberais incluem a Universidade no complexo da Ringstrasse, apesar da relutância da aristocracia, pois, afinal, a comunidade universitária tinha sido a única frente organizada na Revolução de 1848. Em razão disso o projeto de construção foi tratado de forma bastante parcimoniosa; com o fim do liberalismo, contudo, ela torna-se vítima do nacional-socialismo e de todos os antissemitas.

É na cultura, porém, que o liberalismo espera circular pelos mesmos ambientes dos aristocratas, sobretudo no teatro. A paixão de Viena pela arte teatral é única quando comparada a outras capitais europeias (lembremo-nos do quadro de Klimt, ao retratar a burguesia no templo da cultura). A Ringstrasse é um exemplo do clima de mudanças que o império exigia.

> Tomados em conjunto, os edifícios monumentais da Ringstrasse expressavam bem os valores mais elevados da cultura liberal reinante. Sobre os remanescentes de um *champ de Mars*, seus devotos tinham erigido as instituições políticas de um estado constitucional, as escolas para educar a elite de um povo livre, e os museus e teatros que levariam a todos a cultura que redimiria os *novi homines* de suas baixas origens. Se era difícil o ingresso na velha aristocracia dos livros genealógicos, já a aristocracia do espírito estava teoricamente aberta a todos, através das novas instituições culturais. Elas ajudavam a forjar o elo com a cultura mais antiga e a tradição imperial, para fortalecer aquela "segunda sociedade", às vezes chamada "o mezanino", onde os burgueses em ascensão encontravam-se com os aristocratas dispostos a se adaptar a novas formas de poder social e econômico, um mezanino onde a vitória e a derrota se transmutavam em compromisso social e síntese cultural. (Schorske, 1988, p.63, grifos nossos)

Nunca Viena havia assistido a uma transformação dessa envergadura. A cidade velha ficara encurralada e excluída do novo complexo, e os proprietários dos imóveis antigos temiam pela desvalorização de suas propriedades (tinham razão de sobra para isso!).

Havia uma demanda para a construção de residências e a Ringstrasse veio para atendê-la. O império seduziu-se com a habilidade liberal para fazer a gestão do empreendimento, e os lotes residenciais foram logo vendidos. Com o dinheiro das vendas foram construídos prédios públicos e vias, além de demais obras de infraestrutura. Essas residências, evidentemente, foram feitas para atender à aristocracia e aos industriais burgueses e, em imóveis "mais modestos", a grande classe média exultante. Não havia, portanto, um planejamento urbano global, no qual estivessem incluídas as classes operárias, artesãs, além de pequenos comerciantes.

Nas ideias iniciais da Ringstrasse, pensou-se no modelo urbano inglês, com sobrados geminados com uma área de jardim privativa. Na Inglaterra, porém, já estava instituído pela Revolução Industrial a separação entre local de trabalho e moradia, mas como Viena nessa época ainda era pré-capitalista (além de ser uma sociedade arcaica) a ideia inglesa naufragou.

Acaba, assim, prosperando a ideia da venda de lotes grandes, com tamanho suficiente para a construção de palácios; alguns até foram feitos, mas o objetivo dessa urbanização era a construção de edifícios residenciais com uma série de unidades para abrigar famílias. O pavimento térreo, entretanto, fora destinado ao comércio.

A Ringstrasse era o lugar de aristocratas, capitalistas e funcionários públicos, e teve um sucesso comercial nunca visto. Era frequente também que uma família proprietária de um edifício habitasse um dos apartamentos e alugasse os demais.

A guerra de ideias circulava até mesmo entre os arquitetos, especialmente na concepção do espaço urbano. Camilo Sitte, tradicionalista por vocação, defendia que a estética clássica deveria ser predominante na construção de uma cidade; já Otto Wagner, funcionalista por pragmatismo, defendia que uma cidade deveria atender às necessidades de seu povo. Como podemos constatar, a estética e a função foram as categorias dominantes na concepção da Ring. A primeira venceu no que diz respeito às fachadas (sempre opulentas e aristocráticas), e a segunda nos interiores dos edifícios e apartamentos (bem mais modestos do que os palácios que a Viena imperial estava habituada a ver).

Sitte era adepto de uma organização espontânea da cidade, a exemplo daquelas que haviam sido criadas durante a Idade Média. Ele mostrava-se refratário com relação às inovações que a modernidade exigia, e acreditava que faltavam valores aos novos tempos. Por outro lado, Otto Wagner personificava a figura do empreendedor: um engenheiro na era da matemática! Para ele, ser funcional era uma necessidade que precisava ser atendida tendo em vista a comunidade (moradia) e o município (rede comercial). E tudo isso era altamente sedutor, não somente pela necessidade social (da classe média), mas também por ser algo que se revela altamente lucrativo: como resistir? Sitte era um herói da estética; Wagner um pragmático compulsivo; o velho e o novo, outra vez, em questão na Viena do século XIX.

Tal como enfatiza Berman (1998, p.16) a modernidade, sobretudo em seu período áureo (fins do século XVIII e século XIX), exibia toda sua constituição ambivalente. Junto com o ideário revolucionário e de transformações e ebulições sociais, ela trouxera um profundo sentido de ordem e estabilização; com a propalada liberdade, criaram-se instituições fechadas e constritoras, tendo a prisão e a fábrica como seus ícones principais; com a promessa de fartura, viera também a pobreza dos operários; com a racionalidade, a democracia e a lei, prometidas à solução serena dos conflitos, vieram as guerras em escala mundial, com sofisticadas tecnologias de matar.

Com os antagonismos entre tradição e vanguarda, Viena vai se transformando aos poucos num lugar propício para o advento da psicanálise. Com ela surge uma vanguarda na afirmação da sexualidade e seu papel principal nas formações das histerias. O espírito vitoriano (que ali ainda pulsa) e o universo masculino, porém, comandam Freud na reificação do falocentrismo. Para Bertin (1990, p.82), Freud foi filho de seu tempo ao "levar em consideração as raízes sociais da histeria [;] ele não vê que essa neurose [poderia ser encontrada tanto em mulheres] pobres, [quanto em mulheres] ricas, [dado ser] a única escapatória para as rebeldes".

A rebeldia era uma atitude emergente. Otto Wagner flertou com o movimento secessionista de Klimt, abolindo o jeito clássico de construir ambientes. Wagner abominava o renascentismo da Ringstrasse e acreditava que o homem moderno precisava visualizar um horizonte, uma vez que se encontrava perdido. O homem moderno, descrente de modelos antigos, tinha necessidade de encontrar uma forma de estar no mundo que fizesse frente aos desafios da modernidade. Berman (1998, p.17) recorre a um personagem da novela *Heloísa*, de Rousseau, para descrever a sensação provocada pela modernidade num jovem que saíra do campo para morar na cidade. Dizia ele, em carta à namorada, que se sentia em meio a um turbilhão de acontecimentos, inebriado pela agitação e fascinação urbanas que o deixavam atordoado. Tratava-se de um novo mundo no qual "tudo que é sólido desmancha no ar": crescimento urbano, industrial, comercial, mudanças sociais põem fim aos modelos feudais, pois os impérios intransigentes não conseguem mais administrar as constantes contradições e demandas do corpo social.

Essa é a transição vivida por Viena no final do século XIX, uma transformação que se dá inicialmente do sistema feudal para um liberalismo *laissez-faire*, e deste para modelos ditatoriais encampados pelo nacional-socialismo (mais para o final do século). Viena não teve tempo de se preparar para evitar essa tragédia.

Os liberais bem que tentaram se mostrar como uma possibilidade política institucional para gerir esse mundo em transformação, mas fracassaram. Talvez porque tenham defendido uma política burguesa de caráter narcisista, produzindo uma legião de excluídos e alimentando espíritos intolerantes. Viena vivia sobressaltada com seu destino próximo, e nela a democracia liberal desfalecia, deixando um campo aberto para o retorno de absolutismos que iam conquistando o poder pelas vias que os próprios liberais haviam construído: o voto restrito. A liberdade foi perdendo o seu valor e seu perfume, para dar lugar ao amargo hálito de ditadores, sob a promessa de serem defensores do povo. Com eles retorna o exército e a Igreja Católica, depois de

O QUE FREUD DIZIA SOBRE AS MULHERES **31**

serem deixados à margem pela vitória liberal. A obra de Otto Wagner é testemunha dessa transição, sobretudo o edifício da Caixa Econômica Postal:

A sede da Caixa Econômica Postal, construída por Wagner, deu provas da revitalização paralela das velhas forças religiosas sob novos disfarces sociais. A instituição fora criada para o "pequeno poupador", num esforço subsidiado pelo Estado de contrabalançar o poderio das grandes casas bancárias – o "partido Rothschild". Ela fora adotada pelo partido social-cristão como resposta institucional para a classe média baixa ao poder dos banqueiros judeus e dos liberais: muitos pequenos correntistas uniriam seus recursos para compensar o poder dos poucos poderosos. O burocrata que criou a Caixa Econômica Postal nos anos de 1880, Georg Coch, tornou-se um herói mártir dos antissemitas cristãos. Seus adeptos não conseguiram pôr seu busto no edifício da nova sede, supostamente devido à influente oposição judaica. O prefeito Karl Lueger assumiu a causa como uma questão política. Seu governo municipal social-cristão deu o nome de Coch à praça em frente da Caixa Econômica e, com a concordância expressa de Otto Wagner, colocou o busto de Coch num pedestal da praça – o primeiro monumento a um herói da cultura antissemita na Ringstrasse. Já vimos como a Votivkirche simbolizara o poder da reação tradicionalista católica, numa das extremidades da Ringstrasse, justamente no início da era liberal; a Caixa Econômica Postal marcou seu ressurgimento como força populista na outra extremidade da rua – em frente de um novo Ministério da Guerra –, com o encerramento da era liberal. (Schorske, 1988, p.105)

Assim, Otto Wagner – apaixonado por Klimt e pela secessão, além de defensor de uma nova ordem de caráter funcional, visualizando especialmente o crescimento das urbes e do desejo do homem moderno de habitá-las – constrói um templo populista,

32 JOSÉ ARTUR MOLINA

mas fiel à arquitetura pragmática, deixando o tédio e a rudeza do campo para trás.

Sinais do Apocalipse

O liberalismo confunde-se com o capitalismo. De alguma forma a liberdade evocada pelos liberais está a serviço dos negócios, e para que estes evoluam bem é preciso ter poder político, tecnologia e infraestrutura. O absolutismo imperial teria, portanto, que dar lugar a um comando constitucionalista: império da lei. Os arcaísmos e as mentes retrógradas e feudais deveriam ser banidos em favor de uma lógica racional. A escola deveria ser secular, o que significava dizer que o conhecimento científico deveria ocupar o lugar da Igreja Católica.

Dessa forma, é praticamente impossível não considerar que os liberais dinamitaram estruturas antigas, propondo alternativas que fossem plausíveis numa sociedade que ainda estava ingressando na modernidade. Durante quase vinte anos, muitas transformações foram feitas e, com elas, advieram também muitas contradições. A promessa de liberdade (certamente restrita) não seduziu as massas porque estas não puderam usufruir dela, sentindo-se órfãs – e o mundo dos liberais não pretendia reivindicar sua paternidade. A liberdade era para quem era digno dela.

Os liberais sabiam que os aristocratas sempre estiveram numa posição de superioridade, real ou imaginária; estavam, porém, agonizando, sofrendo "num hedonismo inofensivo e ornamental" (Schorske, 1988, p.125). A sociedade deveria estabelecer-se sobre outros patamares, permitindo a liberdade de ação e transmitindo a cultura por todo o império, dando condições para que os que estavam "embaixo" pudessem ter oportunidades num mundo de livre mercado. Ordem e progresso (que nós brasileiros conhecemos bem) era o lema dos liberais, podendo ser desdobrado também em lei e capital, ou economia libidinal e interdito edipiano, na psicanálise. Freud é levado pelos tempos de mudança (veremos reverberações dessas transformações em suas proposições com relação à medicina tradicional), mas não se esquece da Lei (do sujeito psicanalítico).

Em 1828, a Áustria ganha sua primeira ferrovia por intermédio de Mathias von Schönerer. Schönerer era um liberal típico: possuía boa visão de negócios, principalmente no que diz respeito à eminente necessidade de investimentos em infraestrutura, e era empreendedor e diplomático. Pioneiro na implementação das estradas de ferro, tinha um discreto orgulho de ser uma raposa quando a situação o exigia, afinal conseguia ser conselheiro até mesmo de casas bancárias que eram suas concorrentes (Crédit Mobiliar de Sina e o Oesterreichische Creditanstalt dos Rotchschild). Aos vinte anos, Schönerer vai aos Estados Unidos aprender como construir ferrovias, e volta de lá com a primeira locomotiva do império. Contrata técnicos americanos para começar a fabricar, na Áustria, tanto as máquinas quanto as composições, a fim de diminuir a dependência interna do mercado estrangeiro. Na época, ainda se discutia se a locomotiva deveria ser a cavalo ou a vapor. A primeira foi certamente de tração animal. Mas, com o tempo, Mathias conseguiu convencer os banqueiros a financiar as máquinas a vapor. Schönerer recebe o título de nobreza depois de inaugurada a Ferrovia Imperatriz Isabel, mantendo relações com quem pudesse alimentar suas ambições: banqueiros, liberais, judeus, corretores e funcionários imperiais. Tinha conseguido tudo o que um liberal poderia desejar – fortuna e ares aristocráticos. Tanto é assim que Schönerer decide comprar um castelo numa propriedade rural (uma espécie de feudo), em Rosenau, na baixa Áustria – um castelo dos tempos da Rainha Maria Teresa, avó do Imperador Francisco José. Schönerer era um novo rico, de gosto duvidoso, à maneira liberal: um dândi vienense!

34 JOSÉ ARTUR MOLINA

Ao contrário do que acontecia com os jovens burgueses, o filho de Schönerer, Georg, não foi para o Gymnasium (no qual o aluno recebia fortes conhecimentos clássicos como filosofia, literatura, artes, línguas e matemática), mas para uma escola técnica. Pode-se intuir que seu pai queria vê-lo, o quanto antes, seguindo seus passos na construção de ferrovias ou na área industrial. Georg, contudo, frustra a ambição paterna: depois de perambular em várias escolas, acaba numa escola técnica rural e herda o castelo do pai. Na contramão paterna e de toda a alta burguesia da época, o filho migra da metrópole para o campo, e com ele vai-se também o título de nobreza com o brasão que representa a tecnologia (a roda alada azul e prata). Seria talvez mais adequado que o brasão apresentasse um arado para o filho Schönerer.

Georg Schönerer abraça, no campo, todas as forças mais reacionárias que se poderia encontrar no Império Austro-Húngaro. E, por ironia, vai combater tudo o que seu pai defendia como um liberal legítimo: ordem e progresso, lei e desenvolvimento. Está claro que Georg espera o pai morrer para começar sua arrancada ao mundo do terror: antissemita convicto, ele leva para suas fileiras até os estudantes nacionalistas da Universidade.

O filho de Mathias Schönerer, contudo, soube andar muito bem acompanhado: era aliado do Príncipe de Schwarzenberg, um aristocrata convicto das virtudes do conservadorismo social e adepto do liberalismo para aumentar seu capital. O príncipe é um grande homem de negócios, ou melhor, agronegócios – e Georg estava ao seu lado para administrar suas fazendas.

Dessa forma, Schönerer filho começa a encontrar um espaço político que lhe daria condições de defender sua política num futuro próximo. Ele ajuda a fundar bases para os trabalhadores do campo, mas, ao mesmo tempo, defende métodos científicos para a maior absorção dos potenciais da terra. Dissimula apoio ao imperador colocando cartazes com Francisco segurando um arado.

O QUE FREUD DIZIA SOBRE AS MULHERES 35

Georg inicia sua carreira parlamentar associando-se a uma ala liberal rural de esquerda. Logo perde a paciência com esses grupos políticos, que trabalhavam com mãos débeis o afã separatista dos eslavos. Os liberais queriam negociar para não perder os dedos, já que a instabilidade política era péssima para os negócios. Além dessa questão, Schönerer não podia aceitar a insensibilidade liberal com respeito aos problemas sociais, pois ele defendia reformas sociais contra a exploração do campesinato e dos artesãos.

Os liberais não tinham nenhuma posição certa a respeito de seu nacionalismo e, muito menos, nenhum plano que pudesse se transformar em algo parecido com distribuição de renda. O austro-liberalismo começa a fraquejar, debilitando-se e deixando um vazio político que outros ocupariam, cada qual a sua maneira; com ele o Império Austro-Húngaro despenca em queda livre no abismo que redundaria na Primeira Guerra Mundial.

A Universidade começa a abandonar sua devoção pela razão e abraçar a paixão do sectarismo e, como se não bastasse, nas mãos de um novo rico e aristocrata por herança – não por direito – e levanta sua última bandeira: o antissemitismo. Aliás, para quem queria destruir o Estado Multinacional austríaco, o liberalismo e os banqueiros, um único alvo seria suficiente: os judeus. Eles foram assimilados pelo império, trabalhando em pequenos comércios ou na rua como camelôs, e também eram proprietários de indústrias, jornais e casas bancárias. Tratava-se de um povo supranacional, que para sobreviver submetia-se, dentro de suas possibilidades, às forças políticas locais e vigentes.

Schönerer defende os aristocratas (donos de uma antiga forma de produção) e seus funcionários (massas de trabalhadores); ele e seus partidários atacam os pequenos comerciantes judeus e defendem os artesãos – atacando violentamente os judeus (chegavam a afirmar que eles eram vampiros, sugadores das economias dos menos privilegiados). Foi em sua luta pela nacionalização da Nordbahn (ferrovia dos Rothschild, aliados de seu pai),

36 JOSÉ ARTUR MOLINA

entretanto, que Georg mostrou sua face de filho inconformado. A rede era lucrativa e o contrato tinha que ser renovado. Para ele, contudo, era preciso extirpar esses usurpadores da sociedade – e nem o imperador escapou de suas acusações:

> O nacionalismo compunha o núcleo positivo da fé de Schönerer; mas, como o nacionalismo poderia ser satisfeito sem uma desintegração total, Schönerer precisava de um elemento negativo que desse coesão ao sistema. Esse elemento foi o antissemitismo, que lhe permitiu ser simultaneamente antissocialista, anticapitalista, anticatólico, antiliberal e anti-habsbúrgico. (Schorske, 1988, p.137)

Schönerer deixou admiradores: Lueger e Hitler. Karl Lueger não tinha a vocação rural de Schönerer, e muito menos aspiração à nobreza. Embora fosse filho de um modesto funcionário público, estudou numa escola de jovens aristocratas (o Theresianum), e era um homem da cidade, motivo pelo qual não compartilhava com Schönerer o empenho nacionalista e o feroz antissemitismo. Apesar de democrata, Lueger associou-se com quem em seu tempo lhe convinha. Sensível às causas sociais, nunca deixou de seduzir as massas, trabalhando para estender a elas o direito ao voto. Assim, ele conseguiu galgar posições que lhe dariam poder para desenvolver sua trajetória política; sem romper com o Império, Lueger resgatou sem dificuldades aliados poderosos que haviam sido depostos pelo liberalismo (os católicos) e, a partir daí, alçou voo político como social-democrata-cristão.

Os liberais acreditaram que, aliando-se ao rei, poderiam manter-se no governo livrando-se do poder da aristocracia feudal, querendo manter dela, porém, uma distância amistosa. Instituindo um Estado secular, eles retiram o ensinamento do catolicismo das escolas e promovem uma nova lógica de comando, baseada na racionalidade. A Igreja percebeu que havia perdido o terreno que fora seu nos últimos séculos e apelou

O QUE FREUD DIZIA SOBRE AS MULHERES **37**

para o imperador, que não conseguiu defendê-la com energia, deixando que os liberais transformassem tudo com tecnologia, cultura, modernizando a sociedade e criando, assim, o conceito de Viena como uma urbe do século XX. Além disso, os liberais não se opunham ao Estado Multinacional de Francisco José I.

O grande pecado dos liberais foi sua insensibilidade com respeito aos cidadãos de "segunda classe" – artesãos, operários e pequenos comerciantes. Eles ignoraram tanto aqueles que estavam acima quanto abaixo; no imaginário liberal, aliás, era preciso dar condições para que aqueles que galgassem posições acima, e fizessem por merecer, passassem também a fazer parte da exitosa classe média vienense. Foi justamente nesse vácuo de representação política que Lueger se instalou para ocupar a liderança, aglutinando forças políticas díspares como católicos e antiliberais.

A aristocracia estava ressentida; a Igreja percebe que não bastava sentar-se ao lado do rei para estar no poder, e alinha-se com a social-democracia católica, acrescentando-se a isso também, o sentimento de orfandade das massas: está montado o cenário do ocaso do pensamento liberal e o nascimento de nacionalismos intolerantes – um neofeudalismo que tramava pelo fim da monarquia, propalando um certo socialismo que tentava salvar os operários massacrados por capitalistas inclementes. Eis as bases do partido social-cristão.

É preciso ressaltar que Lueger tem sua origem política no liberalismo; ele une-se a Ignaz Mandl (que era judeu) no conselho municipal defendendo os alfaiates e verdureiros, para que eles tivessem direito a voto. Os liberais dividiram-se sobre essa questão, o que provocou a ira dos chamados "cidadãos de cinco florins", como eram conhecidos aqueles trabalhadores..

Lueger defende uma ideologia de esquerda, mas simultaneamente alinha-se com a direita, unindo-se também a Schönerer contra a concessão da ferrovia do norte, oferecida aos

38 JOSÉ ARTUR MOLINA

Rotchschild para que fosse nacionalizada. Lueger, passo a passo, migra do capitalismo para sua antítese e, por último, cede ao furor antissemita das massas: "Lueger, em suas posições públicas nos fluidos anos de 1880, refletia a sombria transição da política democrática para o protofascismo" (Schorske, 1988, p.145).

Embora o eleitorado de Lueger fosse crescendo, o habilidoso político ainda enfrentava rejeições do alto clero (que desconfiava da euforia do baixo clero), e também dos influentes liberais. Tanto é assim que Lueger foi eleito prefeito em 1895, e o imperador não o empossou – para a alegria dos liberais, entre eles, Freud. Dois anos depois, porém, Francisco José não resistiu e acabou assumindo o poder da capital do Império (hoje, a avenida principal da Ringstrasse chama-se Lueger, e o número 1 da mesma avenida é a Universidade – algo bastante sintomático!). Freud hoje também está presente na Universidade (representado num busto), ao lado de uma lixeira. Chama a atenção que um bonito jardim, situado em frente à igreja de Votivkirche, no começo da Ringstrasse, receba o nome de Freud. A Universidade, pela qual Freud tinha enorme apreço (e na qual desejou ingressar como docente, mas que o rechaçou junto com sua psicanálise), acabou se curvando tardiamente a ele, ainda que essa melancólica homenagem o representasse por um busto, pétreo e emudecido.

A falência do liberalismo fez também outra vítima: Theodor Herzl (1860-1904). Judeu, filho de comerciante rico e mãe apaixonada pelas artes, Herzl teve uma formação elitista: estudou no Gymnasium (a escola secundária dos "bem-nascidos"). Sua família pertencia a uma classe empresarial hegemônica que se identificava com a cultura alemã, e a ambição de Herzl era ser escritor, embora o pai quisesse que ele se tornasse advogado. Não conseguiu o almejado êxito como escritor, mas ganhou um presente: foi convidado pelo *Neue Freie Presse* para ser seu correspondente em Paris. O cargo era honroso, pois o jovem, na capital francesa, teria acesso aos acontecimentos mais importantes da Europa: meca dos direitos dos cidadãos, Paris era a vanguarda de uma nova política, quiçá de uma nova ordem social. E Theodor Herzl estava bem relacionado com as forças liberais da época:

> Quando Theodor nasceu, em 1860, sua família estava bem longe do gueto: economicamente estabelecida, religiosamente "esclarecida", politicamente liberal e culturalmente germânica. Seu judaísmo ia pouco além do que Theodor Gomperz, o helenista judeu assimilado, gostava de chamar *"un pieux souvenir de famille"* [uma devota recordação de família]. (Schorske, 1988, p.153)

Essa parecia ser a tendência daquele que ia "para frente" e estava "em cima". Como não lembrar de Freud em vista da semelhança de suas posições com as de Herzl?

Para a decepção de Herzl, o que ele assiste é o desmoronamento dessa nova ordem liberal, um grande retrocesso político, uma vez que as massas ambicionam um "Pai" que as levará a um lugar sonhado: cai o imperador e nasce o ditador. Não poderia a Lei do Pai freudiana ter sido construída diante do caos que a opressão representa?

Esse terreno é preparado pela extensa lista de escândalos – ocorridos longe dali, mas que produziram efeitos devastadores, envolvendo o parlamento francês. A corrupção foi minando a casa legislativa de forma tão grave, a ponto de o desejo de entregar a nação a um novo imperador ser senso comum nas diferentes fileiras sociais do país.

> A democracia tinha-se esvaziado, e sua essência passara a ser o anseio pela monarquia. A sociedade "está novamente madura para um salvador", alguém que assumisse em sua pessoa toda a responsabilidade a que os cidadãos cumpridores das leis se recusam por medo. (Schorske, 1988, p.159)

40 JOSÉ ARTUR MOLINA

Theodor tenta convencer o jornal do qual era correspondente a defender uma postura mais à esquerda do liberalismo. Pro-
gramas com sensibilidade social poderiam acalmar a fúria das
massas; a posição titubeante dos liberais com respeito à defesa
do sufrágio universal, entretanto, estava municiando o inimigo e
afundando a burguesia. Questionava-se, dentro das alas liberais,
se ignorantes tinham direito a voto, pois havia naquele momento
a crença de que só o conhecimento libertava. Dentro desse lema,
Herzl sempre defendeu que a cultura dignifica o homem e, com
isso, não haveria raças ou guetos, mas espíritos cativos da ambição pelo saber. A bandeira da cultura unificaria os povos, e, obviamente, apenas a Alemanha poderia ser portadora dela. Nesse
sentido, Herzl é um assimilacionista, ou seja, os judeus deveriam ser incorporados à comunidade onde vivem como cidadãos
e, com ela, desaparecer a religião que segrega. Ele estava sendo
coerente com o pensamento do liberalismo: um Estado laico, democrático, embora com voto restrito, com tecnologia e cultura
não vinculadas a conceitos transcendentais.

Foi na França onde Herzl assistiu, melancolicamente, a derrocada dessa ordem, e por motivos muito bem definidos: a corrupção.

[...] o escândalo do Panamá foi fundamental, uma prova da
falência do parlamentarismo francês. O peculato e o suborno
político foram desmascarados na investigação da péssima admi-
nistração do grande projeto do canal, que custara milhares de
vidas e milhões de francos. A responsabilidade viera abaixo; os
parlamentares não "representavam" o povo em nenhum sentido
moral. A corrupção minou o domínio da lei e liberou o poder
irracional das massas. Finalmente, irromperam à superfície os
mais novos inimigos da república: os antissemitas. (Schorske,
1988, p.161)

O caso do capitão Dreyfus ilustra bem o clima que reinava
na capital das luzes e do mundo. Militar, judeu, altamente con-

O QUE FREUD DIZIA SOBRE AS MULHERES **41**

decorado pelos serviços prestados à nação, Dreyfus fora alvo de uma armação maquiavélica: em 1894 acusaram-no de conspiração, espionagem e traição. Condenado à prisão perpétua, o militar perdeu patente e honrarias, amargando durante anos de cativeiro na Ilha do Diabo, na Guiana Francesa. Émile Zola, ao lado de Herzl, saiu em sua defesa no jornal literário *L'Aurore*, redigindo uma carta aberta ao Presidente da República. Em 1906, Dreyfus foi absolvido e, apesar disso, nunca teve plenamente de volta seus direitos como militar (os heróis judeus deveriam ser "desmascarados" pela fúria dos "esquecidos"). O caso foi uma comoção mundial e dividiu a França entre os que estavam "a favor" ou "contra" Dreyfus.

Diante do crescimento do antissemitismo, mesmo na França, cada vez mais Herzl sente-se solitário em suas posições. Consequentemente, reacende-se nele o espírito judaico, na forma de um salvador: num delírio desesperado, Herzl considera a possibilidade de uma conversão coletiva de todos os judeus ao catolicismo (prática comum quando era conveniente). Ele chegava mesmo a imaginar-se conversando com o Papa para negociar a questão. Outra possibilidade que ele aventara seria convocar os detratores dos judeus a duelos individuais, à moda feudal.

Certamente isso não acalmaria os apóstolos do antissemitismo, porque a razão da fobia não era religiosa, e muito menos racial, mas econômica. Havia muitos banqueiros judeus, grandes intelectuais judeus, empresários judeus, mas a ira também era dirigida do pequeno comerciante ao camelô judeu: a intolerância é sempre oportunista, hipócrita e interesseira.

A desapropriação e confisco de numerários era iminente, e algo precisaria ser feito. Theodor Herzl perde as esperanças de que a razão pudesse salvar a população do caos que se avizinhava e, cansado de ser estrangeiro desde sempre, Herzl advoga pela criação de um Estado judeu. As sementes do sionismo começam a ser plantadas.

42 JOSÉ ARTUR MOLINA

Herzl entra em contato com a força das massas enfurecidas na miséria. Conhece-as em seu ímpeto socialista, nacionalista, cristão e antissemita – aprendendo a temê-la também. Por ironia, é a partir dessa experiência que ele pretende montar o Estado judeu. A população dos guetos seria a vanguarda do movimento, tanto na conquista de um território quanto no convencimento de judeus ricos a patrocinarem essa empresa. A habilidade de Herzl estava em considerar que os guetos não iriam se dedicar a causa apenas por dinheiro, pois era preciso mais. Assim como um árabe vai à Meca, um judeu deveria caminhar em direção à terra prometida, um lugar onde poderiam existir sem pedir licença ou se converter em algo que não podiam ser. Acreditar e sonhar com esse lugar era mais importante do que benefícios financeiros, embora sempre fosse levada em consideração a justiça social.

O civilizado Herzl não hesitaria em utilizar o potencial explosivo das massas para convencer judeus ricos como os Hirsch e os Rothschild a colaborar com a causa sionista. Ele acreditava que, em virtude da ameaça de explosão, conseguiria obter o poder necessário para seus objetivos. Herzl, dessa forma, alinha-se a seus próprios antagonistas, Schönerer e Lueger:

> Em seu apelo às massas, Herzl combinou elementos arcaicos e futuros tal como Schönerer e Lueger antes dele. Os três líderes abraçaram a causa da justiça social e fizeram-na o centro de suas críticas às deficiências do liberalismo. Os três uniram essa aspiração moderna a uma tradição arcaica: Schönerer à das tribos germânicas, Lueger à da ordem social católica medieval, Herzl à do reino pré-diáspora de Israel. Os três fundiram o "para a frente" e o "para trás", a recordação e a esperança, em suas ideologias e assim franquearam o presente insatisfatório a seguidores que eram vítimas do capitalismo industrial antes de serem a ele integrados: a artesãos e quitandeiros, a ambulantes e moradores de guetos. (Schorske, 1988, p.171)

O QUE FREUD DIZIA SOBRE AS MULHERES 43

Por necessidade, justiça ou conveniência, os polos antagônicos da política vienense guardam semelhanças. A baixa de Herzl é definitiva para a satanização do liberalismo: todos os seus filhos se levantaram contra o pai, mas não sem encontrar fortes resistências. Schönerer enfrenta o liberalismo germânico; Lueger, os liberais católicos e o alto clero, sempre reticentes; e Herzl, os judeus ricos. Fora isso, a aristocracia, no topo da escala social, era sempre pouco amistosa com todos.

As fantasias de Herzl, de violentas reações contra os judeus abastados, acabaram por não se concretizar; porém, o "Embaixador" era um homem de relações e encontrou mais apoio entre príncipes e realezas do que com seus próprios irmãos.

A ideia de sionismo de Herzl tinha um espírito liberal em quase todos seus aspectos, exceto o da sensibilidade social. Quanto ao idioma, pensava que o hebreu era pouco conhecido, além de faltarem palavras para nomear a modernidade como, por exemplo, bilhete de trem. O iídiche era a língua vulgar das ruas do gueto, e os judeus, para ele, deveriam falar a língua que melhor os definisse como povo e lugar. No que diz respeito à religião, ela deveria manter-se nas sinagogas, já que a palavra de ordem era "a fé nos une, a ciência nos liberta" (Schorske, 1988, p.175); e com relação aos militares, eles deveriam permanecer nas casernas. E Herzl também não abandona sua atração pela lei, uma das prerrogativas do liberalismo.

Enfim, o sionismo de Herzl não é propriamente uma reação ao liberalismo, mas ao antissemitismo. Ele flexibiliza suas posições para atrair as massas, seduz com discursos inflamados de esperança da terra natal, que não deveria ser necessariamente a Palestina, mas a política deveria ser conduzida pelos "bem-nascidos".

É no Congresso Sionista em Basileia (1897) que Herzl revela seu pecado latente: o desejo aristocrata. Muda o evento na última hora para o suntuoso Cassino Municipal de Basileia, e obriga o povo a vestir *black-tie*, alegando que o Congresso merecia um luxo proporcional à sua importância. O saldo de todo esse movi-

44 JOSÉ ARTUR MOLINA

mento foi que Herzl passa a ser o rei dos judeus. Houve gritos no Congresso, e ele torna-se mais importante que a Torá!

O século XIX é o século de avanços e retrocessos, um século que titubeia entre o conservadorismo e as forças progressivas e reluta em manter privilégios feudais. Ao mesmo tempo, sofre pressões de um exército de famintos e enfermos, agravados pela presença de camponeses exilados em decorrência de uma sucessão de colheitas desastrosas. O problema é que as urbes também sofriam com um processo de industrialização que criava uma massa de proletários, mas também desalojava os artesãos de seus ofícios. O resultado disso, naturalmente, era o desemprego. Além do mais, pressões da burguesia, que começa a aprender a fortalecer-se com o capital, exigem mudanças naquilo que as impedem de acumular numerários e propriedades, e a manter a ordem para a manutenção dessa lógica. É um período vivido como um grande *turbillon* social (Berman, 1998, p.17), que ia das tensões e embates nas ruas parisienses à tagarelice dos sinos e das máquinas nas fábricas e oficinas, ambos tematizados por Baudelaire em seus textos e poemas (Augé, 1994, p.23).

A revolução de 1848 eclode em toda a Europa. As rebeliões erigem-se contra monarquias inadimplentes e absolutistas, conseguindo por vezes aglutinar forças antagônicas: burgueses, pequenos burgueses, excluídos e socialistas. A insatisfação era comum; entretanto, as soluções políticas para cada uma eram bastante díspares.

O fracasso da revolução de 1848 no Império Austro-Húngaro apresenta os mesmos motivos dos demais impérios, mas guarda uma especificidade: é um império multinacional, constituído por poloneses, tchecos, romenos, croatas, húngaros e italianos do norte. E um consenso entre tantas forças antagônicas só seria conseguido à força.

As forças democráticas no século XIX naufragaram sob as águas da tradição bélica do continente; não surpreende, portanto, a declaração de Otto Bismark: "os problemas de hoje não se

O QUE FREUD DIZIA SOBRE AS MULHERES **45**

decidem com discurso, nem tampouco com voto das maiorias. Esse foi o grande erro de 1848 e 1849. Decidem-se com ferro e sangue" (Kent, 1982, p.53).

Quando a palavra termina, a violência começa; essa é uma das marcas do século XIX. As forças políticas aprenderam algo que não imaginavam um dia poder realizar: derrubar ditaduras! Entretanto, achavam que seria mais fácil a segunda tarefa, ou seja, o que fazer depois – uma falsa ilusão, e o fracasso das Revoluções de 1848 é a prova cabal disso. Para se ter uma ideia da dificuldade desse processo, a acomodação geopolítica da região aconteceu cem anos depois, com o fim da Segunda Guerra Mundial.

A modernidade, na efervescência de seu apogeu, carregou o signo da destruição, da violência e do conflito (Harvey, 1993). As lutas e embates políticos, a renovação das cidades e da própria subjetividade foram fortemente marcados por imagens de destruição e reconstrução. No fundo, a modernidade pretendia erradicar qualquer sinal do antigo regime e substituí-lo pelos novos sinais, que eram suas marcas de um novo tempo. Tratava-se de desmanchar os sólidos pilares do Antigo regime para colocar em seu lugar outros talvez ainda mais resistentes ao tempo.

Maria Antonieta é um bom exemplo desse espírito violento e destrutivo da modernidade. A cidade de Paris é outro bom exemplo, na arquitetura e urbanismo. Haussman conduziu a revolução urbana de Paris, principalmente no Segundo Império, iniciado por Napoleão III, em 1851, com um agressivo planejamento que colocou abaixo bairros inteiros, cortou a cidade com grandes avenidas, implantou redes de água e esgoto e mudou radicalmente a fisionomia de Paris.

Freud incorporou o espírito guerreiro e demolidor da modernidade trazendo para o âmago de sua teoria a noção de conflito. Trouxe para o psíquico, à semelhança do que ocorria na sociedade da época, imagens de uma vida anímica em ebulição, em revolta, marcada por desavenças e contradições.

46 JOSÉ ARTUR MOLINA

Desde o início de suas especulações teóricas, o psiquismo foi retratado como um campo de forças em oposição, em confronto e com conflitos insolúveis. Um verdadeiro estado de guerra entre a consciência e o inconsciente, entre as pulsões e as interdições, entre o princípio do prazer e o da realidade, entre o processo primário e o secundário, e assim por diante. Se depois de cem anos as placas tectônicas do Império Austro--Húngaro já haviam se acomodado razoavelmente num estado e numa sociedade relativamente estáveis, o mesmo não se pode dizer do sujeito freudiano, que continuou imerso em ebulições ainda maiores, com outros abalos sísmicos como o da falência da imago do pai e do falo. Por outro lado, abriga o contraditório, ao abraçar o falocentrismo.

Mas o que nos interessa mais diretamente, no panorama da Viena mergulhada no processo de modernização, é tentar entender os movimentos de Freud em relação às tendências diversas que se colocavam diante dele, na ebulição do seu tempo.

As mulheres do Imperador e do Império

A política matrimonial, que habitualmente abrigava interesses de Estado, produzia uma sucessão de relações infelizes. Não se pode dizer que Francisco José I e Elizabete tenham encontrado a felicidade, mas não foi por falta de amor. Francisco, assim como todo o Império, era fascinado por Elizabete. Bela, sensível, interessada nas questões cotidianas de seus súditos. Sissi, como era conhecida, encarnava um anjo que protegia o seu povo:

> Ela é ao mesmo tempo graciosa e altiva, mas apesar de seus trajes suntuosos, de suas joias maravilhosas, ela não pertence ao mundo deles, nem mesmo àquela época. Criada por pais generosos, fora das regras de sua casta, ela ignora a hipocrisia

O QUE FREUD DIZIA SOBRE AS MULHERES **47**

e os preconceitos. Possui aquilo que os cortesões mais temem: o sentido de independência. Rejeitam-na de imediato e vinculam-se ao clã da arquiduquesa Sofia. (Bertin, 1990, p.26)

Sofia era mãe e conselheira de Francisco. Havia preparado seu adorado Franz para herdar o fabuloso Império Austro-Húngaro. Aos 18 anos assume o poder e dá adeus à juventude. O Imperador não tomava nenhuma atitude de Estado sem antes consultá-la. Mulher de braço forte, tentava isolar Sissi, para que não pudesse influenciar seu filho nas questões de governo. Por mais que a amasse, Francisco não conseguia saber da infelicidade de sua esposa, a ponto dela ser chamada de "Imperatriz da Solidão". Entre o casal encontrava-se a arquiduquesa, o alter ego de Francisco.

O Império tinha muitos problemas para manter-se coeso, e Sissi defendia uma gestão de governo menos absolutista. Francisco deveria dar mais autonomia às regiões que compunham o império por direito, e não por estratégia. Mas, naqueles tempos, quem poderia ouvir uma mulher – salvo a arquiduquesa? "As mulheres mais desfavorecidas não são as menos fiéis a essa Sissi longínqua que parece tão boa quanto magnificamente infeliz: veneram a imagem romântica" (Bertin, 1990, p.31).

As mulheres não tinham voz. Rodolfo, sucessor ao trono, filho de Sissi e Francisco, também defendia a causa da mãe. Mas sua fragilidade era patente quando tinha que defendê-la. A tragédia abate-se sobre o império, e Rodolfo, em comum acordo, mata sua acompanhante e suicida-se. A tragédia acontece em seu pavilhão de caça em Mayerling, nos bosques de Viena, a poucos quilômetros da cidade.

Esse fato ainda teve implicações na linha sucessória do império, pois o arquiduque Francisco Ferdinando, sobrinho do imperador, é o sucessor natural. Essa situação desagrada Francisco, a ponto de ele se sentir aliviado quando o sobrinho e sua esposa são assassinados em Sarajevo. A miopia de Francisco

José I não lhe permitia ver o fim dos Habsburgos no final da Primeira Guerra Mundial.

Sissi não pode superar essa tristeza, afastando-se de Francisco, não sem antes deixá-lo na companhia de Katarina, uma atriz. Ele continua amando Sissi, mas quem é sua companheira é a atriz. O imperador pergunta para sua esposa o que ela gostaria de ganhar de presente e ela responde: um manicômio! Ele é construído de forma monumental como uma homenagem de Viena à loucura. Otto Wagner é o encarregado da obra e convida vários artistas para ajudá-lo. No centro do asilo, é construída uma Igreja espetacular. Bettelheim (1990) não se engana quando afirma nunca ter visto uma cidade empenhar-se com tanto esmero para a construção de um asilo.

> Hoje podemos ver Elizabete pelo que era, histérica, narcisista e anoréxica. À época, porém, foi aclamada, com muita justiça, a mulher mais bela da Europa [...]. A loucura exercia especial fascínio sobre Elizabete [...]. Exaltava a morte e a loucura em comentários do tipo "A ideia da morte purifica" e "A loucura é mais real que a vida". (Bettelheim, 1991, p.8-9)

Sissi viaja por vários lugares; seu coração parece procurar um lugar para serenar, mas não encontra. Em Genebra, um fanático italiano mata-a a facadas, pelas costas, quando a linda imperatriz fazia um de seus passeios a lugares distantes de Viena. O Império começa a se desmantelar, e Francisco tenta dissimular a dor, trabalhando 16 horas por dia para mantê-lo unido.

Apesar de todo o clima trágico de desagregação e morte, Viena insiste em conservar uma alegria para a vida. A cidade é festiva, talvez para esquecer, e, isso pode ser percebido em todas as classes sociais:

> As mocinhas do povo riem fácil, o que agrada aos homens, a todos os homens, os de sua condição e igualmente aos das classes

ditas superiores. Em princípio, a moral é rígida, mas todos sabem que uma mulher que ri já está quase conquistada. E as pobres não têm quem vele por sua virtude. Elogios, alguns doces e algumas flores produzem o efeito desejado. O amor as consola de muitas coisas; nos braços de um homem que a acha bonita, esquece que passa fome, que mora numa água-furtada imunda e que amanhã talvez perderá mais uma vez seu ganha pão. Cantarolando as árias da moda, decerto o galante a levará para dançar ou para ouvir as cantoras e cantores populares que se apresentam nos cabarés, onde é quente e onde se ri bebendo-se um vinho claro como a água. (Bertin, 1990, p.46-7)

O fato é que a cidade em festa acontece em todos os lugares: os bailes da corte, os bailes da burguesia, os bailes das lavadeiras ou dos condutores de charretes. Viena curva-se à substituição do minueto (uma dança tipicamente aristocrática) pela valsa (tipicamente burguesa), o que já havia acontecido em outras capitais europeias. As resistências e reservas em relação à valsa deviam-se ao fato de ela ser considerada uma dança demasiadamente sensual. Mas a explosão da alegria e da diversão, pela dança e pelo teatro, não estavam imunes aos contornos políticos.

O movimento cultural, nessas condições, tendeu a se desviar da política e a se concentrar nas atividades menos comprometedoras da música e do teatro – este voltado sobretudo para a afirmação da legitimidade da dinastia, por meio de dramas históricos então em voga. [...] é o tempo da reação política e do medo, que favorece o retorno à intimidade, à roda de amigos, às diversões que não comprometem, como a bebida e a dança. [...] a valsa começa a se impor; dança burguesa, a princípio considerada escandalosa pela proximidade física entre os dançarinos, que contrastava com o toque de ponta dos dedos e as regras estritas do minueto, a valsa é também dança inebriante, romântica, na qual as figuras da coreografia não estão determinadas *a priori* e que por isso mesmo permite à imaginação uma manifestação inesperada. Refúgio do particular, evocando o amor e a interioridade [...]. (Mezan, 2006, p.38)

Viena é a capital da dança e da ópera. As casas de espetáculo são construídas em diversos lugares da capital, e as operetas ganham o coração do público; com isso, produz-se uma verdadeira indústria de entretenimento ali. Boa parte das operetas possui letras que rotulam as mulheres como infiéis, frívolas, que se deixam levar facilmente por pobres galanteios. O humor a respeito delas é ácido, e todos riem como se tratasse apenas de uma burla inocente.

Em Viena, mais do que em qualquer outro lugar, elas foram submetidas a uma clausura social que as manteve num isolamento que não possibilitava pensar em sua situação de opressão: tudo era natural para elas. Talvez faça sentido a afirmação de Bettelheim (1990) de que a psicanálise não poderia ter palco mais adequado do que a capital austro-húngara. Em parte é por isso que ela surgiu ali; as histéricas acabaram por representar o sintoma, não apenas de si mesmas, mas de uma sociedade hipócrita e decadente. Viena era uma cidade fechada sobre si mesma, e isso, para o ilustre vienense, favorecia a interioridade. Mas para as mulheres, aparentemente, essa interioridade era representada pelo sofrimento: "a servidão em que vivem as vienenses cria um terreno particularmente favorável ao desenvolvimento das neuroses. Não é por acaso que os suicídios ocorrem em tão grande número na capital da Áustria-Hungria" (Bertin, 1990, p.91).

Embora todo o cenário fosse muito desfavorável para a mulher, algumas conseguiram destaques surpreendentes: a Baronesa Bertha von Suttner, que recebe o Prêmio Nobel da Paz em 1905, o primeiro concedido a uma mulher; Hélène Deutsch (psicanalista), Marie Bonaparte e Lou Andréa Salomé (discípulas de Freud); Enrica von Handel-Mazetti; Marie von Ebner-

-Eschenbach, Eugéne Marlitt e Emilie Marriot (todas escritoras); Eugénie Primavesi, que se encanta com os artistas rebeldes da secessão e convence seu marido rico a lhe conceder a missão de mecenato, e, junto a ela, Editha Markhof; Alexandrine Schönerer, inconformada com as posições antissemitas do irmão, trabalha com paixão nas montagens de peças de teatro; Alma Mahler, mulher vibrante que, com sua beleza e dinheiro pode usufruir da liberdade que faltou às suas companheiras de sexo.

Essas mulheres foram verdadeiras heroínas. O acesso à educação era muito restrito a elas, principalmente no que diz respeito aos estudos superiores. Os homens, para ter acesso à universidade, tinham que prestar um exame chamado maturidade (uma prova do ensino médio). As mulheres, quando podiam prestar o exame, não tinham direito ao nível superior, posto que o certificado não continha uma cláusula que lhes permitisse ingressar nas universidades.

Os professores eram todos homens; as mulheres, porém, poderiam ser professoras do nível primário.

Mas era uma luta difícil, sendo tão difícil convencer a burocracia do imperador quanto à opinião pública. Nessa época, em que tantas novas iniciativas vão transformar o aspecto e o espírito de Viena, permanece impossível à maioria aceitar que as moças têm direito de fazer o exame de maturidade e que têm capacidade de ser bem-sucedidas. (Bertin, 1990, p.113)

Só em 1919 as mulheres adquiriram o direito de estudar em ginásios junto com os homens. A data é emblemática, por tratar-se também do final da Primeira Guerra Mundial. Enquanto os homens foram para a guerra, as mulheres ficaram nas cidades ocupando seus lugares. Com isso, depois da guerra, elas não quiseram ser reconduzidas à sua anterior insignificância: ganharam autoconfiança e provaram que poderiam ter um outro papel na sociedade.

52 JOSÉ ARTUR MOLINA

As famílias não estimulavam as mulheres aos estudos de nível médio e muito menos aos superiores, e as operárias não podiam estudar, uma vez que tinham que trabalhar prematuramente. Fato é que esse mundo dos homens queria não só que suas mulheres ficassem relegadas à solidão, mas também submersas na ignorância. Até homens notadamente inteligentes como Freud pensavam que as mulheres deveriam ficar na esfera doméstica: elas tinham outra natureza e não deviam competir com os homens.

Freud teve diante de si a senhora Emmy – um dos casos de histeria apresentados em seu trabalho com Breuer, em 1895, detalhando seus sintomas e sua história clínica. Em uma breve passagem menciona que ela, após a morte do marido, assume o comando da empresa da família, no que se saiu muito bem. É contraditório que Freud tenha conhecido mulheres tão destacadas e tenha sido tão generoso com elas e, ao mesmo tempo, tão conservador. Ele próprio reconhece que é um homem de ciência, mas, dentro de casa, não passa de um pequeno burguês:

> Há, portanto, a partir dessa época, a coexistência de uma maioria que vive e raciocina como se a sociedade austríaca fosse imutável, e de um fragmento dessa sociedade que leva em conta as reviravoltas da era industrial. Curiosamente, Freud encontra-se entre os dois grupos. Em sua vida particular, permanecerá parecido com o que era ao se casar, enquanto suas descobertas o classificam entre os inovadores mais ousados. [...] Sobretudo as mulheres sentem-se tentadas a modificar as coisas, pois elas veem nisso um meio de suas filhas adquirirem confiança em si, confiança que, no fundo, lhes falta, mesmo às mais mimadas. Todos elogiam sua beleza, sua elegância, suas boas-maneiras, mas ninguém quer perceber que também são um cérebro. (Bertin, 1990, p.118-9)

É notável como Freud e Breuer referem-se às suas pacientes como mulheres inteligentes e cultas, tal como no caso Anna O.,

O QUE FREUD DIZIA SOBRE AS MULHERES **53**

Emmy e Elizabeth. No entanto, acabam tratando tais qualidades como simples adornos, que tornavam essas mulheres mais admiráveis, porém sem "funcionalidade" no mundo.

Os homens não queriam casar-se com mulheres instruídas em cursos superiores, e elas temiam que essa ousadia as condenassem a uma vida profissional, embora sem marido. Aquelas que ousavam fazê-lo ficavam no ostracismo, mesmo sendo médicas, por exemplo. Acesso à faculdade de Direito e Ciências Políticas, só em 1919! E isso sem considerar que o mercado era generoso e que havia lugar para todos. Havia a crença de que as mulheres não deveriam percorrer os caminhos da lei e da política. Poderiam os homens, então, temer que seriam subjugados por suas mulheres? A inveja do pênis não seria uma metáfora dessa situação aviltante (o ato de pensar sendo atribuído exclusivamente aos homens)?

Apesar disso, a posição de Freud é ambivalente, pois ninguém pode acusá-lo de não ter ajudado, com a psicanálise, aquelas pacientes subjugadas por ordem opressora. Sua filha Anna, contudo, não fez curso superior.

Para ilustrar essa situação, basta observar alguns dos dados referentes a mulheres com curso superior na época: Margarete Janke-Garzuly, a primeira doutora em ciências, formou-se em 1921; Hélène Hammermann, engenheira, apenas em 1930! O caso de Elise Richter é típico e extraordinário ao mesmo tempo:

> Ela demonstra muita habilidade em sua tática e consegue que a autorizem a fazer uma conferência para um auditório formado por todos os professores da faculdade. Graças a seu discurso, julgam-na afinal de acordo com todas as exigências legais, e ela é admitida no corpo professoral por 41 "sins" contra dez "nãos". Porém o voto só será validado dois anos depois, em 1907. Elise Richter torna-se então a primeira mulher *privat-dozent* da Áustria. (Bertin, 1990, p.130)

Em 1938, porém, ela é enviada a Auschwitz.

Viena deve muito a essas mulheres que, com sua rebeldia e inteligência, conseguiram conquistar um novo lugar para a mulher numa sociedade de homens que claudicava na decadência. Freud, com sua psicanálise, e apesar de seus pecados, também ajudou nessa causa. No mínimo, ele deu voz a elas por meio de sua "cura pela palavra", depois de uma firme reivindicação de uma delas bramindo que se calasse e a deixasse falar.

3
AS MULHERES DE FREUD

Freud nunca ocultou sua dificuldade em descrever o desenvolvimento psíquico ou a sexualidade feminina. Isso porque o que navega em águas serenas, a tramitação edípica no menino, encontra na menina uma correnteza difícil de controlar. O primeiro problema que se apresenta é que um evento importante deve acontecer para romper o idílio mãe-filho. No menino, a angústia da castração o conteria em seus desejos libidinosos e o levaria para o mundo dos objetos. Assim, embora Freud defenda que não se pode agarrar a diferença anatômica para entender a oposição masculino-feminino, claramente o pênis terá aí um papel fundamental. A diferença anatômica, para ele, poderia levar à biologia a responsabilidade pela diferença psíquica entre os sexos. Portanto, a pergunta se a mulher nasce mulher ou se faz mulher revelaria a preocupação da gênese do ser mulher atribuída a fatores constitucionais, hereditários ou, por outro lado, construídos a partir de uma subjetividade reinante.

O feminino

Que angústia teria a menina para fazê-la afastar-se da díade mortal narcísica com a mãe? A castração não funcionaria, pois

56 JOSÉ ARTUR MOLINA

como pode alguém temer perder o que já teria perdido? A mulher seria uma castrada biológica? Nesse ponto, Freud se vê com um grande problema, e esse "árduo" tema é tratado em poucos textos – a 33ª Conferência: A feminilidade (1933) é o último texto em que aborda o assunto.

Num primeiro momento, ele corrige sua afirmativa nos Três Ensaios sobre a Teoria da Sexualidade (1905), no qual afirmava que o par de opostos (ativo-passivo) corresponderia, respectivamente, a masculino-feminino. Freud confessa que essa relação foi promovida pela experiência épica e primitiva do macho que ataca agressivamente a dócil e indefesa fêmea, o macho sendo um violador e a fêmea, a violada. Freud desaconselha a se trilhar esse simplório caminho por ser inadequado e não trazer nada de novo.

Ele defende que as ideias da conferência estão calcadas na experiência analítica, e não têm quase nenhuma especulação. Seria possível, porém, isentar-se das influências subjetivas do meio na inferência conceitual da experiência?

> Poder-se-ia considerar característica psicológica da feminilidade dar preferência a fins passivos. Isto, naturalmente, não é o mesmo que passividade; para chegar a um fim passivo, pode ser necessária uma grande quantidade de atividade. [...] Devemos, contudo, nos acautelar nesse ponto, para não subestimar a influência dos costumes sociais que, de forma semelhante, compelem as mulheres a uma situação passiva. Tudo isso ainda está longe de uma elucidação. Existe uma relação particularmente constante entre feminilidade e vida instintual, que não devemos desprezar. A supressão da agressividade das mulheres, que lhes é instituída constitucionalmente e lhes é imposta socialmente, favorece o desenvolvimento de poderosos impulsos masoquistas que conseguem, conforme sabemos, ligar eroticamente as tendências destrutivas que foram desviadas para dentro. Assim, o masoquismo, como

O QUE FREUD DIZIA SOBRE AS MULHERES 57

dizem as pessoas, é verdadeiramente feminino. (Freud, 1996 [1933], p.116-7)

Freud tem razão: tudo isto é muito obscuro. Mas o feminino é fruto de uma conjugação de normas sociais e constitutivas que resultam num conceito ligado à passividade, pulsão e masoquismo. Diga-se, de passagem, que o masoquismo não é atributo exclusivo das mulheres, pois homens com metas femininas também poderiam ambicioná-lo (lembremo-nos de que Freud advertira que a conferência seria muito pouco especulativa). De qualquer forma é preciso diferenciar, desde já, feminino de mulher e masculino de homem, pois feminino e masculino são conceitos e mulher e homem são posições de existência. É inegável, contudo, que os afluentes sempre desembocam no leito principal.

Aparentemente, a psicologia não conseguira resolver o enigma da feminilidade, como defende Freud (1991 [1933], p.108).

De acordo com sua natureza peculiar, a psicanálise não tenta descrever o que é a mulher – seria esta uma tarefa difícil de cumprir –, mas se empenha em indagar como é que a mulher se forma, como a mulher se desenvolve desde a criança dotada de disposição bissexual.

Freud confessa que na sua posição de um pesquisador homem pode ser acusado de defender ideias masculinas arraigadas sobre o feminino. Como separar o sujeito pesquisador do objeto pesquisado? Freud tentará manter-se neutro, apesar de que a psicanálise sempre incluiu o agente mesclado em suas emoções com o agenciado. Basta lembrar do conceito de transferência e dos atropelos do mestre no caso Dora.

A psicanálise surge na relação analítica e, sob essa justificativa, Freud atribui sua proposição do feminino – a esse ambiente, e não em cima de uma especulação. Ele próprio admite, porém,

58 JOSÉ ARTUR MOLINA

que a situação da mulher diante do cenário social não poderia ser desprezada.

Todavia, poderíamos questionar até que ponto o homem Freud, filho de seu tempo, ateve-se somente às suas observações clínicas para postular que o feminino é uma formação oriunda do masculino?

Fica a impressão que ele não queria fazer com a mulher uma psicossociologia. Freud tenta construir a teoria do psiquismo alheio ao entorno social (embora não o negue), uma análise que para ele seria mais verdadeira e profunda do que aquela visível pela sociedade. Em sua visão, o social seria uma superfície que acobertaria verdades íntimas, inconfessáveis, como o desejo incestuoso. De certa forma poderíamos estar aí encontrando um sintoma político de Freud, uma visão de essência, que se revelou imutável ao longo do tempo.

Voltando à proposta freudiana do feminino, Freud constata que o desenvolvimento da menina, até se tornar mulher, é mais complicado do que o do menino, segundo a lógica do complexo de Édipo.

Estamos autorizados a manter nossa opinião segundo a qual, na fase fálica das meninas, o clitóris é a principal zona erógena. Mas, naturalmente, não vai permanecer assim. Com a mudança para a feminilidade, o clitóris deve, total ou parcialmente, transferir sua sensibilidade, e ao mesmo tempo sua importância, para a vagina. Esta seria uma das duas tarefas que uma mulher tem de realizar no decorrer do seu desenvolvimento, ao passo que o homem, mais afortunado, só precisa continuar, na época de sua maturidade, a atividade que executara anteriormente, no período inicial do surgimento de sua sexualidade. (Freud, 1996 [1933], p.118-9)

A menina deve trocar não só de objeto, mas também de zona erógena. A mulher madura deverá privilegiar a vagina como órgão regente de sua sexualidade.

O QUE FREUD DIZIA SOBRE AS MULHERES 59

Surge então a questão de saber como isto ocorre: particularmente, como é que a menina passa da vinculação com sua mãe para a vinculação com seu pai? Ou, em outros termos, como ela passa da fase masculina para a feminina, à qual biologicamente está destinada? (Freud, 1996 [1933], p.119).

Talvez não seja preciosismo afirmar que na edição das *Obras completas de Freud* em espanhol[1] (Amorrortu Editores), a frase acima citada não vai acompanhada de uma interrogação. Daí uma questão: destino biológico? Para quem fundou a psicanálise sob a égide da pulsão em detrimento do instinto parece suspeito a referência à biologia; para quem desbravou o mistério das histerias fundando um conhecimento novo, distante da medicina, essa afirmação não pode deixar de nos surpreender. Nesse aspecto, parece que a ousadia freudiana sucumbe ao empobrecido lugar da tradição: o clitóris seria um pênis que não teria vingado, embora fosse uma fonte de prazer. A maturidade feminina aconteceria quando se abandonasse o fracassado pênis, e se abraçasse a condição de ser uma mulher vaginal. Nesse sentido, a masturbação seria atributo masculino, abandonado pela mulher no momento de seu abraço à vida vaginal.

Na teoria freudiana, a supressão da sexualidade clitoridiana não era apenas parte da explicação teleológica implícita que levava à sexualidade genital vaginal; tinha-se tornado uma parte essencial da história de como a menina finalmente deixava de ser um homenzinho. (Appignanesi; Forrester, 2010, p.607)

---

1 *"Así nace el problema de averiguar cómo ocurre esto y, en particular, cómo pasa la niña de la madre a la ligazón con el padre o, con otras palabras, de su fase masculina a la feminina, que es su destino biológico".* (Freud, 1991 [1933], p.110)

60 JOSÉ ARTUR MOLINA

Freud procura, entretanto, outros indícios dessa transformação. Através da experiência com as histerias tornou-se possível construir o conceito de fantasia: o fato apenas precisava de uma materialização psíquica, e não de um acontecimento para operar como verdade – e isto porque a primeira teoria de Freud sobre a etiologia das histerias seria a sedução da menina pelo pai, mas, na "eterna" fase pré-edípica da menina, ela é seduzida pela mãe. Digo "eterna" porque a menina permanece na fase pré-edípica, ou seja, de ligação com a mãe, muito mais tempo do que o menino, o que é coerente com a suposição freudiana de que a mulher é pulsional – afinal, antes de Édipo não existe o simbólico –, e pode ser que a menina nunca saia desse lugar.

Mas o que poderia romper o idílio entre mãe e filha? Freud aponta para a possibilidade do ódio ter sido protagonista dessa façanha. Ódio do leite negado, da falta de amor, do nascimento de um irmão. Mas Freud não se sente convencido e continua a perseguir o verdadeiro responsável pela cisão:

> Acredito havermos encontrado esse fator específico, e, na verdade, no lugar onde esperávamos encontrá-lo, embora numa forma surpreendente. Eu disse onde esperávamos encontrá-lo, pois se situa no complexo de castração. Afinal, a distinção anatômica [entre os sexos] deve expressar-se em consequências psíquicas. Foi uma surpresa, no entanto, constatar, na análise, que meninas responsabilizam sua mãe pela falta de pênis nelas e não perdoam por terem sido, desse modo, colocadas em desvantagem. (Freud, 1996 [1933], p.124)

A solução é encontrada: a menina se dá conta que o menino tem algo que ela não tem. E, o que é pior, ela tem é um vazio! Assim, a menina estaria condenada a uma inveja do pênis, que a perseguiria por toda sua existência e, aliás, o ciúme seria o seu sentimento precípuo. Freud afirma, inclusive, que as mulheres que possuem um ofício intelectual estariam fazendo deste uma metáfora do pênis:

É difícil duvidar da importância da inveja do pênis. Os senhores podem imaginar como sendo um exemplo de injustiça masculina eu afirmar que a inveja e o ciúme desempenham, mesmo, um papel de relevo maior na vida mental das mulheres do que na dos homens. Não é que eu pense estarem essas características ausentes nos homens, ou julgue que elas não tenham nas mulheres outras raízes além da inveja do pênis; estou inclinado, no entanto, a atribuir sua quantidade maior nas mulheres a essa influência. (Freud, 1996 [1933], p.125)

A mulher está condenada à inveja e ao ciúme e, além disso, qualquer atividade que a diferencie em sua produção será por causa de seu primitivo desejo de ter um pênis; o homem teria medo de perdê-lo e a mulher sofre por tê-lo perdido.

A inveja do pênis seria, portanto, o fator determinante da virada da menina para o objeto pai. Ela descobre que a mãe também é castrada e, consequentemente, ambiciona estar com o pai para que, quem sabe, este lhe auxilie a obter um. Essa realidade levará a menina para três possíveis orientações: (1) inibição sexual ou a neurose; (2) a um complexo de masculinidade; e, enfim, (3) a sexualidade normal feminina. A primeira possibilidade é a da inibida neurótica e infeliz; a segunda, a do desejo de ser homem, homossexual, ou fálica; e a terceira conduziria ao "feminino normal", ou seja, à resignação. Três destinos pouco alentadores.

O conteúdo essencial da primeira é o seguinte: a menininha viveu, até então, de modo masculino, conseguiu obter prazer da excitação do seu clitóris e manteve essa atividade em relação a seus desejos sexuais dirigidos à mãe, os quais, muitas vezes, são ativos; ora, devido à influência de sua inveja do pênis, ela perde o prazer que obtinha da sua sexualidade fálica. Seu amor próprio é modificado pela comparação com o equipamento muito superior do menino e, em consequência, renuncia à satisfação masturbatória derivada do clitóris, repudia seu amor pela mãe e, ao mesmo tempo, não raro reprime uma boa parte de suas inclinações sexuais em geral. Seu afastamento da mãe, sem dúvida, não se dá de uma vez, pois, no início, a menina considera sua castração como um infortúnio individual, e somente aos poucos estende-a a outras mulheres e, por fim, também a sua mãe. Seu amor estava dirigido à sua mãe fálica; com a descoberta de que sua mãe é castrada, torna-se possível abandoná-la como objeto, de modo que os motivos de hostilidade, que há muito se vinham acumulando, assumem o domínio da situação. Isso significa, portanto, que, como resultado da descoberta da falta de pênis nas mulheres, estas são rebaixadas de valor pela menina, assim como depois o são pelos meninos, e posteriormente, talvez, pelos homens. (Freud, 1996 [1933], p.126)

Desse comentário de Freud podemos constatar que a hipervalorização do pênis levaria à mudança de objeto da menina em direção ao pai. Desse encontro poderia resultar um pênis simbólico – um filho. Mas a realidade é de desvalorização e desventura: o universo feminino, subalterno e humilhante, causa uma crise de autoestima. Tanto os meninos quanto os adultos do sexo masculino aprendem, desde suas primeiras experiências, que aquelas que lhes acompanham são seres castrados e invejosos, embora tenham nascido desse mesmo lugar.

Uma ideia muito comum na medicina naqueles tempos era a de que a masturbação era um ato não só pernicioso, mas responsável por moléstias psíquicas. Freud acaba por defender que a inveja do pênis inibe o onanismo clitoridiano, uma busca ativa para a realização de desejos típica do mundo masculino. Mas, com a decepção da castração, a menina abandonaria sua ambição masculina e se permitiria posições passivas, preparando o terreno para sua feminilidade. Freud acredita que o desejo feminino, por excelência, é o da maternidade; a inveja, que provoca o desejo de ter um pênis, se concretizaria no filho, ainda mais se fosse um menino.

O QUE FREUD DIZIA SOBRE AS MULHERES **63**

Uma outra consequência do postulado de que a angústia de castração faria com que o menino respeitasse a interdição e se ativesse ao que é permitido, e de que a ausência desta na menina a condenaria a uma longa fase pré-edípica, é a de que o supereu feminino é permissivo e indolente. A lei, aí, é branda.

> Nessas circunstâncias, a formação do superego deve sofrer um prejuízo; não consegue atingir a intensidade e a independência, as quais lhe conferem sua importância cultural, e as feministas não gostam quando lhes assinalamos os efeitos desse fator sobre o caráter feminino em geral. (Freud, 1996 [1933], p.129)

O feminino rebelde, que não se conforma com sua castração, continua com sua atividade ativa (clitóris) e permanece masculino, homossexual ou ocupando posições masculinas. Mas parece que o desejo de Freud, como foi revelado em Dora, é o da reconciliação da mulher com o feminino, e que triunfe o matrimônio.

Freud insiste que, em sua teoria, está se referindo ao processo pelo qual a mulher passaria na construção de sua sexualidade, embora admita que as condições sociais poderiam ter um papel importante nesse caso:

> Prometi referir-lhes mais algumas peculiaridades psíquicas da feminilidade madura, conforme as encontramos no trabalho analítico. Não pretendemos senão adjudicar a tais asserções uma validade média; e nem sempre é fácil distinguir o que se deveria atribuir à influência da função sexual e o que atribuir à educação social. Assim, atribuímos à feminilidade maior quantidade de narcisismo, que também afeta a escolha objetal da mulher, de modo que, para ela, ser amada é uma necessidade mais forte que amar. A inveja do pênis tem em parte, como efeito, também a vaidade física das mulheres, uma vez que elas não podem fugir à necessidade de valorizar seus encantos do modo mais evidente, como uma tardia compensação

por sua inferioridade sexual original. A vergonha, considerada uma característica feminina *par excellence,* contudo, mais do que se poderia supor, sendo uma questão de convenção, tem, assim acreditamos, como finalidade a ocultação da deficiência genital. (Freud, 1996 [1933], p.131)

Surpreende a insistência de Freud com relação à famigerada inferioridade feminina, como podemos constatar no trecho a seguir:

> Parece que as mulheres fizeram poucas contribuições para as descobertas e invenções na história da civilização; no entanto, há uma técnica que podem ter inventado – tranças e tecer. Sendo assim, sentir-nos-íamos tentados a imaginar o motivo inconsciente de tal realização. A própria natureza parece ter proporcionado o modelo que essa realização imita, causando o crescimento, na maturidade, dos pêlos pubianos que escondem os genitais. O passo que faltava dar era fazer os fios unirem-se uns aos outros, enquanto, no corpo, eles estão fixos à pele e só se emaranham. (Freud, 1996 [1933], p.131)

Os pelos pubianos enredados pela arte do trançado esconderiam a ausência, a falha, a mutilação. Se por um lado observamos uma radicalidade no sentido do simbólico das ações humanas no que diz respeito à sua história, por outro, Freud parece apresentar-se como um sintoma de seu tempo na proposição do feminino. Ideias como: (1) a relação mais perfeita possível é a da mãe com seu filho homem porque ela através dele pode, enfim, obter o ambicionado pênis; (2) o amor no homem e na mulher estão separados por fases psicológicas distintas; (3) na mulher o sentido de justiça encontra-se diminuído; (4) as mulheres seriam mais pulsionais e teriam, por consequência, menores chances sublimatórias; (5) um homem de trinta anos ainda é imaturo enquanto que uma mulher da mesma idade

O QUE FREUD DIZIA SOBRE AS MULHERES **65**

tem cristalizada sua arquitetura psíquica. Essas são ideias muito polêmicas para não serem questionadas. O fundamentalismo fálico de Freud designa a origem do feminino a partir do masculino. Um vício de sua época? Que época era essa?

Em sua reconstrução especulativa da história humana em *O mal-estar na civilização*, é a demanda de amor por parte das mulheres que lança as bases da civilização. Contudo, "as mulheres logo se opõem à civilização e demonstram sua influência retardante e coibidora [...]. As mulheres representam os interesses da família e da vida sexual". As exigências da civilização afastam os homens de casa e da família, chamando-os para a vida e a atividade pública. Os homens organizam ainda grupos sociais de modo a excluir as relações libidinais tanto com mulheres quanto com homens. (Appignanesi; Forrester, 2010, p.604)

Esse é um pequeno retrato de como Freud via e vivia o seu tempo. Tinha uma visão idealizada do homem: sério e comprometido com a civilização; enquanto isso, a mulher é relegada a defender o seu território doméstico na esfera da família e sexual, sem interesses coletivos:

Horney sugeria que a própria percepção de Freud de que "as teorias sexuais de uma criança são um espelho de sua constituição sexual particular" deveria ser aplicada às teorias dos psicanalistas sobre a masculinidade e feminilidade. Freud e outros psicanalistas homens eram incapazes de ver traços distintivos do desenvolvimento da menina porque eles próprios estavam "presos" na fase fálica do menino, dominada pela divisão do mundo entre seres que possuem um pênis e seres castrados. (Appignanesi; Forrester, 2010, p.627)

As feministas ficaram iradas com estas posições, fazendo uma leitura de que elas tinham implicações políticas graves so-

66 JOSÉ ARTUR MOLINA

bre as mulheres. Freud recusa a tentativa de transformar o pessoal em político, mas entre idas e vindas, foi ele quem defendeu as mulheres na afirmação de sua sexualidade. O feminismo e a psicanálise tiveram um sério embate, que se amenizou a partir dos anos 1960 por esta razão:

> Masculino e feminino, ativo e passivo, homem e mulher são parâmetros que se confundem em muitos momentos na teoria. A afirmação de que a libido é masculina por ser ativa ou de que ninguém é totalmente masculino ou feminino remetem a uma transcendência dos termos. [Freud] Nunca se deu por satisfeito com a equação masculino-feminino atividade-passividade, mas não conseguiu imaginar outra equação plausível e muitas vezes recorreu a essa, em geral – mas não sempre – cercando-a de restrições e autocríticas. (Appignanesi; Forrester, 2010, p.606)

O terreno no campo conceitual é escorregadio.

As histéricas

Essas são as considerações preliminares de Breuer e Freud para justificar o afastamento de ambos da neurologia e da psiquiatria, ou melhor, da medicina, para poder entender as histerias:

> No que se segue, far-se-á pouca menção ao cérebro e nenhuma absolutamente às moléculas. Os processos psíquicos serão abordados na linguagem da psicologia; e, a rigor, não poderia ser de outra forma. Se em vez de "ideia" escolhêssemos falar em "excitação do córtex", a segunda expressão só teria algum sentido para nós na medida em que reconhecêssemos um velho amigo sob disfarce e tacitamente restaurássemos a "ideia". Pois, enquanto as ideias são objetos permanentes de nossa experiência e nos são familiares em todas as suas gradações de significado, as

"excitações corticais" pelo contrário, têm mais a natureza de um postulado: são objetos que temos a esperança de identificar no futuro. A substituição de um termo pelo outro não pareceria ser mais do que um disfarce desnecessário. Por conseguinte, talvez me seja perdoado recorrer quase exclusivamente a termos psicológicos. (Breuer, 1996 [1893-1895], p.207)

Nem sempre fui psicoterapeuta. Como outros neuropatologistas, fui preparado para empregar diagnósticos locais e eletroprognósticos, e ainda me causa estranheza que os relatos de casos que escrevo pareçam contos e que, como se poderia dizer, falte-lhes a marca de seriedade da ciência. Tenho de consolar-me com a reflexão de que a natureza do assunto é evidentemente a responsável por isso, e não qualquer preferência minha. A verdade é que o diagnóstico local e as reações elétricas não levam a parte alguma no estudo da histeria, ao passo que uma descrição pormenorizada dos processos mentais, como as que estamos acostumados a encontrar nas obras dos escritores imaginativos, me permite, com o emprego de algumas fórmulas psicológicas, obter pelo menos alguma espécie de compreensão sobre o curso dessa afecção. Os casos clínicos dessa natureza devem ser julgados como psiquiátricos; entretanto, possuem uma vantagem sobre estes últimos, a saber: uma ligação íntima entre a história dos sofrimentos do paciente e os sintomas de sua doença – uma ligação pela qual ainda procuramos em vão nas biografias das outras psicoses. (Freud, 1996 [1893-1895], p.183-4)

Parece até que para Breuer é menos penoso do que para Freud, já que, para aquele a neurologia da época também não significava nada além de construtos ou postulados. Os chamados termos psicológicos referem-se ao vínculo entre a experiência dos pacientes e seus quadros sintomáticos; com isso ficam relegados às origens hereditárias e o saber médico circunscrito a aquilo que os pacientes teriam a dizer sobre si mesmos.

68 JOSÉ ARTUR MOLINA

A psicologia inaugurada pelos pioneiros vienenses deveria navegar por outros mares que não os da biomedicina. Ouvir aquelas mulheres era a tarefa precípua deles – e isto enquanto método. Mas o que justificaria essa prática, senão o silêncio da alma que repercutia gritando no corpo? As conversões! E como não se poderia extrair de tecidos ou órgãos a responsabilidade pelo sofrimento daquelas pacientes, a medicina da época tachou-as de degeneradas. Dessa forma, Breuer e Freud foram corajosos, ou talvez mais do que isso, e perceberam que aquelas mulheres mostravam, através de seus sintomas, uma vontade para viver.

O que estaria, então, sendo silenciado? O desejo numa esfera sexual com a expansão vital que isso significa. Esses médicos abandonaram o estetoscópio e o bisturi e assumiram o divã como seu instrumento singular, e isso, diga-se de passagem, induzidos pelas vozes daquelas pacientes que, pela primeira vez, poderiam falar sobre a verdade da alma com as mentiras do corpo. Era, então, inaugurado um novo cenário para o tratamento e compreensão do sofrimento psíquico.

Breuer foi precursor dessa iniciativa. A paciente Anna O. é paradigmática não só por ter sido o primeiro caso relatado junto com os de Freud no livro *Estudos sobre a histeria* (1893-1895), mas pelo difícil controle das emoções que esta paciente vive e provoca no médico:

> A própria paciente fora sempre saudável até então e não havia mostrado nenhum sinal de neurose durante seu período de crescimento. Era dotada de grande inteligência e aprendia as coisas com impressionante rapidez e intuição aguçada. Possuía um intelecto poderoso, que teria sido capaz de assimilar um sólido acervo mental e que dele necessitava – embora não o recebesse desde que saíra da escola. Anna tinha grandes dotes poéticos e imaginativos, que estavam sob o controle de um agudo e crítico bom senso. Graças a esta última qualidade, ela era *inteiramente não sugestionável*, sendo influenciada apenas por

O QUE FREUD DIZIA SOBRE AS MULHERES 69

argumentos e nunca por meras asserções. Sua força de vontade era vigorosa, tenaz e persistente; algumas vezes, chegava ao extremo da obstinação, que só cedia pela bondade e consideração para com as outras pessoas. (Breuer, 1996 [1893-1895], p.57, grifos nossos)

É patente a admiração de Breuer pela paciente, de inteligência destacada. Ela falava francês, italiano, inglês e, claro, alemão. Seu estado de espírito passeava entre a tristeza e a rebeldia, e sua vida era tediosa. Anna não conhecia o amor e, pelo menos para Breuer, sua sexualidade estava assombrosamente mal desenvolvida. A morte de seu pai provocara seu desmoronamento psíquico. Num de seus momentos de maior angústia, não consegue falar alemão, utilizando-se apenas do inglês. Ela possuía disfunções de linguagem graves – o que era muito sintomático: esquecer sua língua materna significava recusar o ambiente onde ela se construiu como ser, indicava que algo não estaria em bom termo no seu tempo. Talvez por isso Anna tenha se dedicado a trabalhos sociais depois do tratamento. Além desses sintomas, ela ainda tinha estrabismo convergente e uma incapacidade de reconhecer as pessoas. Breuer era reconhecido pelo toque de sua mão com a da paciente, que perdera a capacidade de escrita; quando retornou, escrevia em letras de imprensa de tipo antiga com um alfabeto construído a partir de Shakespeare – uma viagem ao clássico. E, como se não bastasse, ela se negava a comer.

"Martirizar, martirizar", eram palavras frequentes, usadas em várias situações em que a paciente se encontrava, como se seu corpo estivesse a serviço de um sacrifício, dirigido a alguém. Ao falar sobre o que a martirizava, contudo, sua alma serenava; às vezes, porém, ela não queria serenar e se negava a falar. Nessas horas, Breuer só conseguia dissuadi-la pegando-lhe a mão.

Anna batiza o método de "talking cure", a cura pela conversação. Breuer abandona o caso e sai de férias com a esposa, talvez

70 JOSÉ ARTUR MOLINA

assustado com ela. A transferência ainda não estava considerada, e ele conclui que o psiquismo conta com duas consciências, dois eus.

A senhora Emmy ordena a Freud que se cale e a deixe contar o que tinha a dizer – a anamnese deveria ser abandonada. As perguntas do médico não levariam à cura, mas uma escuta poderia ser muito mais profícua. É através dela que Freud entende que Emmy sofre de uma enorme solidão, que sua casa é um calabouço que deve ser respeitado por imposição do sintoma. As suas aspirações, resignadas.

> O círculo de suas obrigações era muito amplo, e ela realizava sozinha todo o trabalho mental que estas lhe impunham, sem um amigo ou confidente, quase isolada da família e prejudicada por sua conscienciosidade, sua tendência a se atormentar e também, muitas vezes, pelo desamparo natural da mulher. (Freud, 1996 [1893-1895], p.30)

Freud admira Emmy por seu rigor, responsabilidade, caráter, senso ético. Tratava-se de uma mulher que jamais poderia ser considerada uma degenerada, ou com uma produção psíquica inferior. Janet acreditava que nas histerias essa inferioridade estaria presente; Breuer e Freud, ao compreenderem as histéricas, sorriem ironicamente das opiniões dos médicos de seu tempo. Para Freud, Emmy tinha uma energia masculina e ao mesmo tempo era uma dama (não podemos deixar de ressaltar que o adjetivo energia foi sempre associado ao masculino).

O que Freud achava incomum era o fato de que, no discurso de Emmy, nunca estiveram presentes questões da esfera sexual diretamente. Emmy lutava contra a mais poderosa das pulsões e, com isso, adoecia, uma vez que essa batalha estava perdida de antemão – tinha insônia, crises de choro. Logo após essas queixas, sob hipnose, Freud comenta o elevado grau de excitação da paciente quando encontrou sua camareira com um homem no quarto (a anorexia de Emmy triunfava nesse cenário, como uma forma de automartírio por uma abstenção autoimposta). A exemplo de Anna, o corpo de Emmy se entregava a uma exposição por impossibilidades de encontro.

Lucy, 30 anos, segue essa mesma lógica. Governanta numa casa de família, ela passa a cuidar de duas crianças, órfãs de mãe, após prometer a esta que cuidaria com zelo de suas filhas. O coração de Lucy, porém, acaba por inclinar-se para o lado do Sr. Diretor, o dono da casa – um milionário, dono de uma fábrica aos arredores de Viena. Lucy padece de um sintoma curioso: analgesia olfativa e, claro, uma tristeza constante. Freud fracassa na hipnose de Lucy, o que merece uma longa discussão metodológica no texto: a paciente devia associar seu sintoma a alguma ideia. Apesar da analgesia, que pode ser uma rinite, um cheiro a persegue dia e noite: o cheiro de pastéis queimados. Ao associar esse sintoma a alguma representação, Lucy narra que dois dias antes de seu aniversário, recebera uma carta de sua mãe. As crianças, que estavam aprendendo a cozinhar, pegam a carta em tom de brincadeira e dizem que ela só deve lê-la no dia da celebração. Enquanto isso os pastéis queimavam.

Poucos são os elementos, até aqui, que poderiam responder por uma histeria; Freud, fazendo ato de uma intuição, revela à paciente que ela está apaixonada pelo Sr. Diretor. Lucy, surpreendentemente, concorda de imediato.

Um dia ela e seu patrão conversaram amistosamente, e ela sentiu-se olhada por ele de forma diferente. Seu coração mergulhou num mar de esperança, mas, em outra ocasião, fora severamente repreendida (ameaçada de demissão, inclusive) pelo Sr. Diretor por ter deixado uma dama, em visita à casa, despedir-se das crianças com beijinhos na boca. A história repete-se com o Sr. Contador, homem idoso que também amava as crianças. Ao despedir-se, tenta dar um ingênuo beijo nas pequenas e sofre uma severa repreensão do patrão. A cena foi patética, principalmente porque se tratava de um homem de idade avançada.

72 JOSÉ ARTUR MOLINA

Lucy imagina como uma esposa sofreria nas mãos de um homem tão rude. Mas, mesmo assim, continua a amá-lo, embora sinta-se ridícula. Ela é uma serviçal da casa, uma mulher pobre. Parece importante que todo o relato do caso começa com uma carta, dois dias antes do aniversário de trinta anos de Lucy, idade avançada para uma mulher solteira naquela época.

Elizabeth von R. é uma mulher feliz, tomando a frente em todas as tarefas e demandas familiares. Não tem nenhuma ambição típica de uma mulher de seu tempo, e o matrimônio é visto por ela como um martírio que extirpa iniciativas singulares que uma mulher poderia vir a desejar, como estudar. Ela amava a liberdade e tinha planos ambiciosos, além de mostrar ter uma excelente relação com o pai, que a qualifica, em tom de brincadeira, de impertinente e respondona. Elizabeth é o filho homem que o pai não teve. Nada, porém, é para sempre, e sua felicidade termina quando o pai morre por grave problema cardíaco. E, para piorar, a mãe, que sempre teve saúde frágil, apresenta uma doença ocular.

Para Elizabeth a missão de ser a provedora emocional da família acaba por tornar-se pesada demais. Portadora dessa impossibilidade, seu corpo apresenta uma hiperalgia, e isso faz com que a antes agitada paciente procure a cama para acalmar a sua dor.

Sua irmã mais velha casa-se com um qualificado rapaz, de boa formação e intelecto desenvolvido; emocionalmente, contudo, ele era frio. Ele acaba encontrando um emprego numa pequena cidade longe de Viena, o que foi interpretado por Elizabeth como uma demonstração de indiferença para com sua família, que tentava encontrar a felicidade perdida. E, o que é ainda pior, com a omissão da irmã. Sua outra irmã, também de saúde frágil, casara-se com um homem, talvez menos inteligente, mas mais carinhoso.

Toda a família se encontra numa estação de verão. O ambiente é feliz. Elizabeth aproveita para fazer um passeio com seu

O QUE FREUD DIZIA SOBRE AS MULHERES **73**

cunhado, já que sua irmã não encontra disposição. Os dois passeiam e conversam alegremente, e Elizabeth começa a acreditar que se casaria, se pudesse ter um matrimônio feliz como o da irmã. Após o passeio, ela não consegue dar um passo a mais sequer: as dores nas pernas que passara a sentir não lhe permitem. Elizabeth não pode andar com a cabeça erguida, e a fortaleza que ela representava desaba.

Acompanhada de sua mãe, as duas vão para uma casa de cura com banhos, Gastein, nos Alpes austríacos, devendo retornar logo. Chega ali a notícia de que sua querida irmã passava muito mal; as duas voltam e encontram-se com ela já no leito de morte.

Essa era, portanto, a infeliz história dessa moça orgulhosa com sua ânsia de amor. Incompatibilizada com seu destino, amargurada pelo fracasso de todos os seus pequenos planos para o restabelecimento das antigas glórias da família, com todos aqueles a quem amava mortos, distantes ou estremecidos, e despreparada para refugiar-se no amor de algum homem desconhecido, ela viveu dezoito meses em reclusão quase completa, não tendo nada a ocupá-la senão os cuidados com a mãe e com suas próprias dores. (Freud, 1996 [1893-1895], p.168-9)

Seguindo a lógica de Freud: (1) diante de todo sofrimento físico, sem causa orgânica, deve haver um sentido inconsciente; (2) a dor de existir se expressa na dor de órgão; (3) o sofrimento das histéricas é sempre de amor; (4) a conversão acontece por uma impossibilidade de expressão através da palavra; só podemos concluir que esta paciente tem um segredo.

O pensamento é um presente quando se tem um segredo; há um sintoma justamente quando não se tem um pensamento. Elizabeth estava diante do corpo sem vida de sua irmã e, de forma fugaz, vem-lhe à mente: "agora ele pode ser meu!". A moral não subjuga o desejo, mas pode transformá-lo. Elizabeth

74 JOSÉ ARTUR MOLINA

teria uma hiperalgia de pernas porque, assim, sua vida amorosa não poderia caminhar na direção do cunhado. Freud conclui o caso assim:

> Na primavera de 1894, eu soube que ela iria a um baile particular para o qual eu poderia obter um convite, e não deixei escapar a oportunidade de ver minha ex-paciente passar por mim rodopiando numa dança animada. Depois dessa ocasião, por sua própria vontade, casou-se com alguém que não conheço. (Freud, 1996 [1893-1895])

O caso Dora não poderia deixar de ser tratado de forma diferente, pois nele revela-se tanto o espírito investigador de Freud quanto seus desacertos ao compactuar com as lógicas de seu tempo.

Dora: mulher, judia e histérica

> Parirás com dor e sangrarás todos os meses.
> E serás subjugada pelo teu marido e
> ele te dominará (Gênesis).

Em 1591, Eufane MacAyane de Edimburgo foi enterrada viva pela Igreja, e seu crime fora o de pedir alívio para sua dor ao parir filhos gêmeos: a maldição de Deus não poderia ser aplacada, e a dor deveria ser a fiel companheira da mulher. O mau humor divino sobre a mulher não poderia deixar de nos impressionar, até porque, sem nenhuma isonomia, ao homem coube "apenas" ganhar o pão com o suor de seu rosto pelo pecado do fruto proibido.

A mulher parece ter sido sempre uma ameaça ao mundo dos homens. A situação da mulher, a partir do século XIV, sofre uma sensível degradação e, coincidentemente, começavam a surgir os primeiros esboços da família moderna. Nela, as mulheres foram obrigadas a cuidar da família, até mesmo por decreto, como ocorre no século XVI:

> Ela perde o direito de substituir o marido ausente ou louco... Finalmente, no século XVI, a mulher casada torna-se uma incapaz, e todos os atos que faz sem ser autorizada pelo marido ou pela justiça tornam-se radicalmente nulos. Essa evolução reforça os poderes do marido, que acaba por estabelecer uma espécie de monarquia doméstica. A partir do século XVI, a legislação real se empenhou em reforçar o poder paterno no que concerne ao casamento dos filhos. Enquanto se enfraqueciam os laços da linhagem, a autoridade do marido dentro de casa tornava-se maior e a mulher e os filhos se submetiam a ela mais estritamente. (Ariès, 1981, p.145)

Sobre a família depositaram-se os pilares do Estado, ou seja, da monarquia, e a mulher acaba por se tornar a zeladora dessa célula, sob a supervisão do marido. Como vemos, a função da mulher na família é compulsória e, com isso, o domínio masculino na era moderna é inaugurado.

As mordaças impostas às mulheres começam a ser delatadas (ou pelo menos ouvidas) no século XIX. Suas porta-vozes foram as histéricas de Viena. Não poderíamos deixar de ouvir no sofrimento feminino um grito surdo de inconformismo ao papel designado a elas em pleno século das Luzes. Os sintomas das histerias vão ser investigados e tratados com grande resistência por parte dos homens médicos. Afinal, tratava-se de uma produção de mulheres que revelava algo que incomodava, numa sociedade alicerçada no poder pátrio.

A medicina do século XIX, na Europa, vivia momentos de grandes descobertas no laboratório. Entretanto, seu cotidiano ainda vivia de práticas cientificamente duvidosas. As histerias, que já haviam sido descritas desde os tempos dos egípcios, há quatro mil anos, desafiavam a classe médica de Viena. De fato,

76 JOSÉ ARTUR MOLINA

tentou-se muitas formas de aliviar o sofrimento das mulheres histéricas (eletroterapia, hidroterapia, medicamentos), todas sem resultados expressivos. As histerias eram um mistério para os médicos, sobretudo por confundirem-se com os corpos das mulheres. Nesse sentido, Dora, ao ser mulher e histérica, carregava em si um enorme estigma e, pelo fato de ser judia, poderia ser considerada um problema ainda maior.

Havia uma resistência em abandonar as condições hereditárias, que acreditavam ser subjacentes à histeria e, também, não se conseguia dissociar essa afecção das mulheres. Também se atribuía à histeria o resultado de uma vida infeliz: dos pobres, pela falta, e dos ricos, pela abundância. Fato é que os médicos não se entendiam; entretanto, concordavam com a hipótese que as histerias encontravam terreno fértil nas mulheres, que não se conformavam com o seu destino de cuidar das demandas domésticas da família. Dessa forma, a energia "supérflua" trabalhava para as conversões. Vejamos o que se falava sobre a adolescência das meninas (Decker, 1999, p.25, tradução nossa):

> [...] as moças são mais difíceis e egoístas, até que as invade a grande paixão. [...] O sistema nervoso inteiro, incluindo a natureza psíquica e moral, torna-se tão perversa que pode surgir qualquer circunstância do tipo mais extraordinário. [...] o comportamento é como se estivesse possuída pelo demônio.[2]

As mulheres e as histerias atraíram sobre si muita hostilidade nos tempos vitorianos. Os sintomas mais típicos como afonia e tosse eram tratados com correntes elétricas nas cor-

---

2 No original: "[...] las chicas [...] son más difíciles y egoístas, hasta que las invade la gran pasión. [...] El sistema nervioso entero, incluida la naturaleza psíquica y moral, se vuelve tan perverso que puede surgir cualquier circunstancia del tipo más extraordinario. [...] El comportamiento es como si estuviera poseída por el diablo".

O QUE FREUD DIZIA SOBRE AS MULHERES **77**

das vocais (é muito provável que Dora tenha sido vítima destas práticas). Isso é importante para que se entenda o desprezo que ela sentia pelos médicos, inclusive por Freud – e talvez não apenas Dora, mas também outras histéricas: "Essas mulheres", afirmavam os médicos, "usavam seus sintomas como armas para impor sua independência com relação ao seu médico; sua vitória era a doença persistir" (Smith-Rosenberg apud Decker, 1999, p.201, tradução nossa).[3]

Oliver Wendell Holmes, citado por Decker (1999), era um médico americano. Afirmava que uma moça histérica era como vampira a chupar o sangue de seus próximos. Freud atribuiu a Dora uma vingança sobre ele, com o abandono do tratamento, posto que ainda não tinha tido nenhum sucesso.

De fato, as torturas dirigidas às histéricas eram populares na classe médica: sufocá-las até que parassem de "encenar", tapas na cara e no corpo com toalhas molhadas, zombarias diante da família, ameaças com ferros incandescentes na espinha, extirpação de ovários, e a abominável prática da cauterização do clitóris. Outros recomendavam a inserção de tubos no reto para que elas aprendessem "a se controlar".

Diante desse cenário desolador surge a figura singular de Freud, cujos pecados nunca superaram seus heroicos acertos. Entre as sugestões hipnóticas ou não hipnóticas, Freud aprende com essas mulheres a abandonar a anamnese médica e passa simplesmente a escutá-las, renunciando a localizar no corpo cada sintoma ligado a uma determinada situação de ordem traumática. As histerias eram produzidas por uma constelação de eventos psíquicos; é então que surge o método da Psicanálise, no qual a palavra aparece como argumento precípuo do tratamento e, no bojo desta experiência, a lógica de que as histéricas padeciam da

---

3 No orginal: *"Dichas mujeres, afirmaban los médicos, utilizaban sus síntomas como armas para imponer su autonomía en relación con su médico; su victoria era su enfermedad continuada".*

78 JOSÉ ARTUR MOLINA

ditadura do silêncio que emudece o desejo, convertendo-se em dor e sofrimento.

Freud abraçou esse problema com a valentia de poucos, afinal pairava sobre si o dever de fazer algo importante para justificar o empenho de sua família, diga-se de passagem, pouco abastada. Naqueles tempos de penúria e, seguindo a tradição judaica, escolhia-se um filho sobre o qual seriam feitos os maiores investimentos para garantia do futuro de toda a família.

As coincidências da existência tinham feito Freud passar uma temporada com seu grande inspirador em Paris, o Dr. Charcot. Assim, Freud já tinha algumas ideias sobre o quadro histérico e, além disso, Breuer já havia feito um percurso nesse lugar. A primeira era de extrema importância: as conversões histéricas não tinham paralelo físico ou biológico; a segunda: essas conversões tinham relação com a sexualidade. Estavam desenhados, assim, os ingredientes necessários para uma grande descoberta.

Vale a pena comentar algumas afirmações de Freud (1905) no texto "Fragmento da análise de um caso de histeria", sempre lembrando que não há a intenção contar o caso clínico aqui, por este ser sobejamente conhecido, mas, antes, de levantar questões que são relevantes para este estudo; ou seja, o que reinava subjetivamente na época de Freud que o influenciou em suas proposições.

Primeiramente, Freud se desculpa por ter de tratar de temas tão difíceis de serem abordados sem chocar a comunidade científica. O que fazer, contudo, se as histéricas padeciam de intimidades?

O pai de Dora era conhecido de Freud – ele fora seu paciente na cura de uma sequela de sífilis, e além disso os dois tinham origem comum: ambos judeus e originários da Morávia. Freud o admirava:

> O pai era a pessoa dominante desse círculo (familiar), tanto por sua inteligência e seus traços de caráter como pelas circunstâncias de sua vida, que forneceram o suporte sobre o qual se eri-

O QUE FREUD DIZIA SOBRE AS MULHERES **79**

giu a história infantil e patológica da paciente. Na época em que aceitei a jovem em tratamento, seu pai já beirava os cinquenta anos e era um homem de atividade e talento bastante incomuns, um grande industrial com situação econômica muito cômoda. (Freud, 1996 [1905], p.29)

Para Dora, muito provavelmente Freud estivesse ao lado de seu pai. Tanto é que o pedido deste para o psicanalista é: "faça-a entrar em razão!". O desastre do tratamento de Dora ocorreu em decorrência da cegueira freudiana em não considerar a transferência paterna que sobre ele recaía e – quem sabe? – a transferência do Sr. K. e de todos os homens de seu tempo.

Sobre a mãe de Dora, Freud diz:

> Pelas comunicações do pai e da moça, fui levado a imaginá--la como uma mulher inculta e acima de tudo fútil, que, a partir da doença e do consequente distanciamento de seu marido, concentrara todos os seus interesses nos assuntos domésticos, e assim apresentava o quadro do que se poderia chamar de "psicose da dona de casa". [...] Esse estado, do qual se encontram indícios com bastante frequência nas donas de casa normais. (Freud, 1996 [1905], p.30)

A figura de Katarina é tratada de forma absolutamente secundária na história clínica de Dora, pois Freud atribui sua doença ao abandono por parte do pai. Fato é que Dora era, antes de tudo, uma mulher infeliz. Teria ela passado por esse personagem incólume?

Assim sendo, fica nítida a tolerância de Freud para com um homem que, quando se casou, além de ser portador de sífilis, tinha um histórico de amantes – e a Sra. K. era uma delas. E, como senão bastasse, Phillip fez "vistas grossas" ao assédio sexual sofrido por Dora por parte do Sr. K. Tudo ficou esclarecido como se a "criança" tivesse "sofrido" de fantasias, de modo que

80 JOSÉ ARTUR MOLINA

fica evidente que a tolerância de Freud era uma generosidade dos homens da época dirigida a eles próprios. A verdade é que Freud acreditava que Dora padecia de seus próprios desejos reprimidos, já que o Sr. K. era um homem bem apessoado. Além do que era muito conveniente para Phillip que não houvesse muita animosidade no fato para não atrapalhar o seu relacionamento com a Sra. K., uma troca de favores, silêncio dos dois lados.

Sobre o irmão de Dora, Freud comenta que o rapaz procurava ficar à margem das disputas familiares e que quando tomava partido, fazia-o em prol da mãe. Dora e Otto sempre foram muito ligados, embora nos tempos de adolescência tivessem certo distanciamento, e isso porque Otto defendia que os filhos não deveriam opinar sobre questões relativas aos pais (a jovem insistia em que seu pai abandonasse a Sra. K.).

Dora sofria de uma enorme insatisfação com tudo e todos. Numa ocasião, inclusive, ela deixa um bilhete para os pais afirmando que não podia mais suportar a vida. Sua "petite hystérie" caracterizava-se por um enorme tédio vital, e dentro da situação de *apartheid* social da mulher na Viena século XIX, esse sentimento deveria ser entendido mais como uma consequência desse cenário do que um sintoma engendrado em interrelações familiares. Nesse momento Freud se queixa: "Permito-me observar, contudo, que todas essas coleções de estranhos e assombrosos fenômenos da histeria não nos fizeram avançar grande coisa em nosso conhecimento dessa moléstia, que ainda continua a ser enigmática" (Freud, 1996 [1905], p.33-4).

De qualquer forma Dora padeceria, assim como todas as histéricas, de uma frustração sexual. Afinal, a garota era bem iniciada no conhecimento dessas questões: a Sra. K. fora sua "professora", além de uma governanta "muito avançada". Ela mantinha com Dora várias discussões sobre o tema, lia sobre o assunto e, inclusive na cena do assédio do Sr. K. sobre Dora, uma das justificativas deste era a de que uma moça que lê semelhantes livros não poderia desejar o respeito de um homem. Assim, Dora per-

O QUE FREUD DIZIA SOBRE AS MULHERES **81**

cebe que havia sido traída pela Sra. K., posto que eram as únicas que sabiam das conversas sobre o livro de Mantegazza, *A fisiologia do amor*. Chama a atenção que o Sr. K. tenha recebido a contribuição solidária de sua esposa para tirá-lo de uma situação absolutamente constrangedora.

Freud tinha uma preocupação com a relação entre conhecer e desejar, uma aposta que a censura sempre fez.

[...] perguntei à paciente com extrema cautela se ela conhecia o sinal corporal da excitação no corpo do homem. Sua resposta foi "Sim" quanto ao momento atual, mas no tocante àquela época, ela achava que não. (Freud, 1996 [1905], p.39)

Freud não queria contribuir para o conhecimento da paciente sobre o universo sexual, não só por ser uma questão delicada, mas para que suas premissas pudessem ser comprovadas sem nenhum tipo de sugestão. Qual a premissa fundamental? A de que a histeria tem relação com uma não possibilidade natural de descarga sexual. Qual a possibilidade natural? O matrimônio!

Os sintomas histéricos quase nunca se apresentam enquanto as crianças se masturbam, mas só depois, na abstinência; constituem um substituto de satisfação masturbatória, que continua a ser desejada no inconsciente até que surja alguma outra satisfação mais normal, caso esta ainda seja possível. Dessa última condição depende a possibilidade de cura da histeria pelo casamento e pelas relações sexuais normais. Caso a satisfação no casamento volte a ser interrompida – por exemplo, devido ao coito interrompido, ao distanciamento psíquico etc. –, a libido torna a refluir para seu antigo curso e se manifesta mais uma vez nos sintomas histéricos. (Freud, 1996 [1905], p.80)

Um pouco antes disso Freud afirma que as crianças, ao masturbarem-se, não apresentariam os sintomas desse quadro, já

82 JOSÉ ARTUR MOLINA

que a descarga sexual se encarregaria de não dar à libido esse destino. Por isso, chama a atenção que Freud relacione a enuresis de Dora na infância à atividade masturbatória. Por que Freud atribuía a histeria de Dora à masturbação? Porque ela não havia cedido aos encantos do Sr. K. E se a masturbação era uma saída (descarga) para não adoecer, a compulsão onanista daria um carácter perverso à relação sexual, motivo pelo qual Dora não sucumbiria à prática.

O século XIX ainda sofria da campanha contra a masturbação dos três séculos anteriores. A irracionalidade daqueles tempos engajou a medicina da época. Freud dissera a Dora que sua falta de resposta à demanda do Sr. K. e a masturbação eram a causa de seus sintomas: "a exemplo de outros médicos de sua época, Freud também associava, de acordo com o costume de então, a fisiologia feminina e a masturbação de Dora com a histeria" (Decker, 1999, p.206, tradução nossa).[4]

A masturbação acaba por ser a vilã na promoção das histerias, e Freud, que possuía uma brilhante intuição, sucumbe ao pensamento de uma época que aprisiona a mulher em conceitos pseudocientíficos. Os médicos eram homens e com isso seus pensamentos estavam aquém da neutralidade que a ingenuidade poderia esperar. Ressalte-se também que a luta contra o onanismo não era travada, exclusivamente, no território das mulheres, pois havia médicos que defendiam uma intervenção cirúrgica nos homens jovens, provocando uma lesão no pênis para coibi-lo.

Decker lembra que Stefan Zweig, um ano mais velho que Dora, afirmou que, nos anos de estudante, ficar com as meninas era uma perda de tempo: "porque com nossa arrogância intelectual, olhávamos o outro sexo como pessoas mentalmente infe-

---

4 No original: *"Al igual que otros médicos de su época, Freud también asociaba, según la costumbre de entonces, la fisiología femenina y la masturbación de Dora con su histeria"*.

O QUE FREUD DIZIA SOBRE AS MULHERES **83**

riores, e não desejávamos perder preciosas horas numa conversa tola" (Decker, 1999, p.209, tradução nossa).[5]

Dora é massacrada de forma impiedosa por seu pai e o Sr. K., traída pela Sra. K., ignorada por sua mãe, esquecida por seu irmão e, finalmente, incompreendida pelo seu médico.

Se entendermos que o pensamento da época é de transição entre o Iluminismo e a Modernidade, podemos destacar que a psicanálise de Freud transitou pelas duas esferas. A primeira, a do Iluminismo, que com sua racionalidade reserva para o conhecimento humano uma universalidade fálica. O saber e a civilização deveriam ser conduzidos pela virilidade sábia do mundo dos homens. O segundo, a Modernidade, instala-se de forma feminina no sentido de irromper contra as barreiras do simbólico estruturado pelo recalcamento. Mas se o feminino é pulsional significa que ele se baseia no excesso, naquilo que é ingovernável por paradigmas fálicos. O discurso da histérica.

---

5 No original: *"Porque con nuestra arrogância intelectual mirábamos al otro sexo como personas mentalmente inferiores, y no deseábamos perder preciosas horas en una conversación necia".*

4

AS MULHERES DE SCHNITZLER

A psicanálise e a literatura sempre mantiveram um diálogo promovido por Freud. Não tanto para analisar personagens, práticas que visam o enquadramento de uma história num caso clínico, mas, pelo contrário, a psicanálise poderia aprender com a literatura. Para Villari (2007, p.13), "a psicanálise pode encontrar no relato literário elementos que iluminam o saber sobre a subjetividade". Assim, caberia perguntar: que mulher ou quais são os elementos femininos que poderíamos apreender nas diferentes obras de Arthur Schnitzler? Nesse sentido, preferimos passear por várias obras do autor do que nos aprofundarmos em apenas uma, dado que aquilo que nos interessa é ver de forma panorâmica o teatro cotidiano da sociedade vienense contada pelo autor; ou mesmo apropriar-nos da literatura e encontrar retratos femininos que possam nos dar indícios a qual mulher Schnitzler estava se referindo e como ela se apresenta no cenário social do século XIX.

Ao fazer um breve percurso pela obra de Schnitzler veremos que em todos os lugares pode-se perceber uma melancolia crônica que persegue seus personagens, tanto homens como mulheres. Produzidos não só pela solidão da existência, mas também por uma sociedade decadente, hipócrita e sifilí-

86 JOSÉ ARTUR MOLINA

tica, que faz dos aristocratas um bando de nostálgicos patetas, chorando a nobreza perdida; dos liberais, novos ricos (mas sem apuro estético), como seres ameaçados pelas intempéries sociais e políticas; e dos proletários, pessoas esquecidas como sempre e para sempre. Mas não há dúvidas que o escritor "persegue" as mulheres para poder anunciar melhor esses tempos de convulsão e guerra, porque elas encarnam todo esse período e, cansadas, gritam no intuito de mudar aquela situação de opressão.

Em *Breve romance de sonho* (1925), que ganhou uma versão no cinema com Tom Cruise e Nicole Kidman (*De olhos bem fechados*, de 1999, com direção de Stanley Kubrick), Schnitzler descreve a vida de um casal entre a virtude e a paixão. Fridolin e Albertine formam um casal tradicional, vienense e burguês. Ele é médico dedicado tanto à profissão quanto à família. Conta historinhas para fazer a filha dormir até as nove horas quando vem a babá para levá-la para a cama. Resignada, a criança beija seu pai e sua mãe e vai para o quarto. Albertine é esposa e mãe, dedicada à organização da casa.

Dentro dessa aparente harmonia, o casal faz um pacto (perverso e arriscado) de que nenhum dos dois deveria guardar segredos para o outro. Nenhum dos dois poderia suportar as fantasias do outro, principalmente porque cada qual se veria excluído no desejo do outro. Na noite anterior, haviam participado de um ousado baile de máscaras que, de alguma forma, rompeu com o idílio incondicional do casal, desgastado pelo tempo.

[...] mergulharam ambos numa conversa mais séria sobre os desejos ocultos, quase insuspeitos que, mesmo nas almas mais puras e cristalinas, logram produzir turbilhões perigosos e sombrios; falavam das regiões secretas pelas quais pouco ou nada ansiavam e para onde, não obstante, o incompreensível vento do destino poderia, ainda que apenas em sonho, arrastá-los. Afinal, por mais que pertencessem um ao outro no que sentiam

O QUE FREUD DIZIA SOBRE AS MULHERES **87**

e pensavam, sabiam que, não pela primeira vez, um hálito de aventura, liberdade e perigo os tocara na noite anterior; temerosos, atormentando-se em curiosidade silente, buscavam arrancar confissões um do outro, e, aproximando-se amedrontados, procuravam em si próprios por algum fato, indiferente que fosse, por alguma experiência, ainda que sem importância, que pudesse dar expressão ao inexprimível, e cuja sincera confissão porventura os libertasse de uma tensão e uma desconfiança que, pouco a pouco, começava a fazer-se insuportável. (Schnitzler, 2003 [1925], p.7)

Embora amorosa e bondosa, Albertine é a primeira a manifestar o interesse numa aventura, na forma de uma tentação imaginária. Nas férias de verão na Dinamarca, ela sente-se arrebatada de paixão por um jovem oficial, cujo limite da concretização de um relacionamento dá-se quando seus olhares se encontram ao se cruzarem na escadaria do hotel. Essa experiência marca o seu coração:

> [...] me senti tocada como nunca. Na praia, passei o dia inteiro perdida em devaneios. Se ele me chamasse – julguei então –, não teria podido resistir. Acreditava-me capaz de tudo, pronta a abrir mão de você, da criança, do meu futuro; acreditava estar já decidida e, ao mesmo tempo – será que me entende? –, você me era mais caro do que nunca. [...] Eu, porém, acariciei sua testa, beijei seus cabelos, e, em meu amor por você, muito havia também de uma dolorosa compaixão. (Schnitzler, 2003 [1925], p.8)

O casto Dr. Fridolin, pouco alargado pela dolorosa compaixão (porque sabe que o amor não conhece a compaixão), em resposta a "infidelidade" da esposa, narra uma experiência amorosa quando caminha pela praia e encontra-se com uma jovem "insuportavelmente" sedutora. Fridolin estaria disposto a tudo para atender seu desejo, mas é contido pela jovem que, apesar

88 JOSÉ ARTUR MOLINA

disso, havia feito a dança da sedução. Aconteceu, casualmente, nas mesmas férias no litoral da Dinamarca:

> [...] sorriu um sorriso maravilhoso; em seus olhos havia um cumprimento, um aceno – e, ao mesmo tempo, uma velada zombaria, munida da qual roçou de leve a água a seus pés, a água a separava de mim. Então endireitou o corpo jovem e esbelto, como contente com a própria beleza, e, como se podia notar com facilidade, orgulhosa e docemente exaltada ao sentir sobre si o brilho do meu olhar. [...] Involuntariamente, estendi os braços em sua direção, [...] balançou a cabeça com veemência, [...] indicou-me de modo categórico que eu deveria me afastar; [...]. O mais rápido possível, prossegui no meu caminho; não olhei para trás uma única vez sequer, e, na verdade, não por consideração, obediência ou cavalheirismo, mas porque, ante aquele seu último olhar, eu experimentara uma tal comoção, tão mais forte do que tudo quanto já experimentei, que me sentia à beira de um desmaio. (Schnitzler, 2003 [1925], p.10)

O Dr. Fridolin é chamado para atender o pai de Marianne, noiva do Dr. Roetinger. O ancião estava em seu último minuto de vida, e o ambiente carregado pela morte eminente. Tocam os sinos, e Marianne ve-se órfã. Fridolin tenta consolá-la, dizendo que agora ela poderia ir com seu noivo para Göttingen, embora quem necessitasse de consolo era ele. Mas Marianne confessa seu desespero maior: amava Fridolin e, mesmo que jamais voltasse a vê-lo, gostaria de ao menos ficar por perto, ou seja, em Viena. Fridolin sai da casa do ancião muito pouco seduzido pelas palavras de Marianne e vai para a rua numa noite fria de primavera. Pensando na virtuosa Marianne, que cuidou de seu pai até o último instante, envolvida num noivado sem amor e que aceitava, resignada, o seu destino. Fridolin não estava para virtudes naquela noite, ainda mais com as virtudes claudicantes de Marianne (para isso já lhe bastava Albertine).

O QUE FREUD DIZIA SOBRE AS MULHERES **89**

O médico encontra-se, então, com uma jovem prostituta, mas não se aventura a ter relações com ela. Logo em seguida encontra um velho amigo num café. Iria acontecer um Baile de Máscaras, e Fridolin insiste em obter a senha para a entrada. O amigo, reticente, acaba por concordar (a senha é Dinamarca, exatamente o país onde o casto casal havia vivido experiências excitantes). Tratava-se de um baile fechado (secreto e misterioso) em que somente aqueles que haviam sido convidados poderiam entrar. Figuras nuas dançavam num salão, envoltas em véus e precedidas por um baile de monges clandestinos. Ser descoberto seria muito perigoso (as perversões não poderiam ser delatadas). Fridolin estava possuído de desejo, e persegue uma bela mulher de gestos graciosos. O doutor é descoberto, e a jovem oferece-se em sacrifício para salvar Fridolin que, relutante, abandona a casa de campo, acompanhado do cocheiro e num carro fúnebre.

Eram quatro horas da manhã e Fridolin estava de volta à casa; ele vê sua esposa dormindo e, exausto, não consegue dormir. Ela acorda e conta-lhe, serenamente, um sonho:

[...] estávamos ambos ao ar livre sob uma luz crepuscular. [...] Sobre nossa cabeça, um céu estrelado, de um azul e de uma amplidão inexistentes na realidade, e esse céu era o teto de nosso quarto nupcial. Você me tomou nos braços e me amou muito. [...] mas, como posso explicar... apesar desse nosso mais íntimo abraço, havia muita melancolia em nossa ternura, como se pressentíssemos um sofrimento determinado. [...] Nós dois tínhamos então que voltar ao mundo, ao convívio das pessoas, estava mais do que na hora. Mas algo terrível acontecera: nossas roupas tinham sumido. Um pavor sem igual tomou conta de mim [...] senti raiva de você, como se você fosse o único culpado daquela desgraça. [...] Você, porém consciente de sua culpa, precipitou-se lá para baixo, nu como estava, a fim de arranjar-nos algumas roupas. [...] Não sentia pena de você, nem estava preocupada: contente por estar sozinha, corria feliz pelos campos e cantava. [...] Eu,

90 JOSÉ ARTUR MOLINA

porém, logo estava deitada na grama, sob o brilho do sol... muito mais bonita do que jamais fui de verdade, [...] um jovem homem vestindo um terno claro e moderno, parecia-se um pouco – sei agora – com o dinamarquês sobre o qual contei ontem a você. [...] ele estendeu os braços para mim, e agora eu queria fugir, mas não consegui... ele se deitou na grama comigo. [...] você acabaria sendo executado. Sabia e não sentia compaixão ou temor. [...] A princesa tinha um pergaminho nas mãos, sua sentença de morte, no qual estavam registradas também sua culpa e as razões da sua condenação. Perguntou [...] se você se dispunha a se tornar seu amante, caso em que a pena de morte seria revogada. [...] você disse não. [...] Riachos de sangue desciam pelo seu corpo, eu os via escorrer, tinha consciência de minha crueldade, mas ela não me surpreendia. [...] eu sabia [a princesa] era a menina da praia dinamarquesa. [...] por fidelidade a mim, você ter recusado a mão de uma princesa, suportado torturas e, agora, cambaleando até ali, rumo a uma morte terrível. [...] Desejei, então, que você ao menos ouvisse minha risada enquanto o pregassem na cruz. E gargalhei tão agudo e tão alto quanto pude. E foi rindo assim que acordei. (Schnitzler, 2003 [1925], p.61-6)

Fridolin, um homem de tentações, mas vencidas em fiel posição a Albertine. Esta, por sua vez, vive em outro mundo, para além das interdições dos costumes e das hipocrisias. Despreza o marido, e dá gargalhadas enquanto este é crucificado. A sensualidade, o mundo de névoas, o jovem cavalheiro vestido de terno branco, céus crepusculares, a princesa que tenta salvar o marido entregando-se a ele, a recusa estoica de Fridolim, a crueldade de Albertine: todos esses elementos dão subsídios para a literatura de Arthur Schnitzler e surpreendem, principalmente, pela crueldade, a realidade fantástica da história que nos leva para longe do aparente, para o íntimo da vida dos instintos ou das paixões. O livro termina com Albertine, "felizmente" acordada, segurando a cabeça do marido contra seu peito carinhosamente.

Acordados para sempre: "[...] melhor não perguntar ao futuro" (Schnitzler, 2003 [1925], p.95).

A sexualidade comparece aí escancaradamente como força motriz da vida, da subjetividade, e impulsiona a relação do casal, lança-os aos seus conflitos, às profundezas de si mesmos e à realidade da vida pela via da fantasia. Não se trata mais de exaltar o amor romântico, a abnegação da mulher, sua devoção ao homem e ao lar, tal como Giddens (1991) caracteriza o amor romântico, mas de exalar a sexualidade, o prazer sexual em sua materialidade mais rude – no encontro dos corpos, desprovidos de nome e identidade, protegidos por máscaras e impulsionados desvairadamente pela fantasia.

Nada de sublime, elevado e contemplativo como se tentava apresentar o universo das relações da aristocracia, procurando varrer para os porões aspectos insuportáveis da realidade; mas a realidade, nua e crua, com suas várias facetas. Corpo e sexo em evidência, tal como ocorria com as histéricas. Expressividade da imaginação impulsionada pelo desejo (como também se podia observar nas histéricas), a ruptura com a razão e o afloramento da irreverência do inconsciente. Enfim, tão somente mulheres de "carne e osso", sem maquiagens e vernizes encobridores – tão ao gosto da aristocracia.

De cama em cama (1900) pode ser considerado um livro de contos já que cada história é independente da outra. Entretanto, guardam algumas características pouco comuns: em todos os contos só existem dois personagens: um homem e uma mulher. Sempre um personagem migra para o conto seguinte, seja homem ou mulher, o que, necessariamente, conduz a histórias de traição. O tema é a sedução e termina com o ato sexual; a curiosidade sobre a vida sexual do parceiro também é frequente, dar um toque de perversão à narrativa (é excitante saber o que o outro pode dizer sobre suas experiências sexuais anteriores).

O cinismo está presente a todo momento, principalmente do lado feminino, porque é mais ácido e confiante. A posição dos

92 JOSÉ ARTUR MOLINA

personagens masculinos, por ser de superioridade aparente, tende a menosprezar a feminina; o resultado final, porém, é que o mundo dos homens é considerado patético, porque mergulha na ingenuidade, na simplicidade medíocre e nas certezas levianas.

Os enredos são diferentes conforme cada conto, mas um ingrediente é comum: são contos sórdidos e que só a hipocrisia poderia abraçar. Outro detalhe que não poderia ser esquecido é que as histórias abrangem todas as classes sociais: começa e termina pela "rapariga" (a prostituta), passa pelo soldado (herói do front), e termina com o conde de alta patente; vemos ainda a empregada e o jovem rico, e o jovem rico com a jovem também rica e casada; a jovem rica casada com o senhor seu marido (nobre feudal) e o senhor seu marido, nobre feudal, com a "rapariga" – e assim por diante.

Mais uma vez, a sexualidade terrena (e não algum sentimento etéreo e nobre) puxa o fio da meada, entrelaça as histórias, entrelaça as vidas. Vidas que saltam de "cama em cama", que vão de um lugar a outro e, nesse nomadismo, assumem novas feições, modificam-se, ultrapassam fronteiras geográficas, sociais, culturais e psicológicas. Vidas inquietas, desacertadas, desassossegadas, movidas por turbilhões de excitações ou de desconfortos e frustrações, que jamais chegarão a um epílogo, a um final feliz.

Arthur Schnitzler não quer poupar ninguém. Em *De cama em cama* condena seus personagens à sordidez, ao desencanto e à solidão. *O retorno de Casanova*, na edição de 1918, é a única história de Schnitzler (dentre o que foi levantado em nossa pesquisa) que não é ambientada em Viena. Também pudera: Casanova é de Veneza. No livro ele tenta voltar para lá, de onde se encontrava exilado há 25 anos. Ele foge da cadeia, de chumbo, fato que lhe dá ainda mais notoriedade, e que se transforma num livreto.

Casanova sente-se velho (tem 53 anos) e vive miseravelmente. Os tempos nos quais não encontrava barreiras para fazer suas

O QUE FREUD DIZIA SOBRE AS MULHERES 93

presas havia sido cruel com ele: tornara-se decadente e sonhava em voltar para a cidade dos canais para, pelo menos, recuperar o ambiente de suas aventuras. Fora condenado, segundo ele, por seu pensamento livre, mais do que por questões morais. O Conselho Supremo negou-lhe, reiteradas vezes, seu pedido de retorno e ele decidiu empreender o caminho à cidade italiana a pé, e com dez ducados no bolso. No caminho todo empoeirado, perto de Mântua, encontra uma carruagem que para: era Olivo, de quem ele havia sido outrora um benfeitor. Benfeitor? O aventureiro italiano tinha dado à Olivo, 15 anos atrás, uma quantia em dinheiro por ser "amigo" da mãe de Amália, esposa de Olivo. Ele tivera visão e esforço, e tornara-se um homem rico – era proprietário de uma pequena fazenda com vinhedos, e um castelo. Casanova, obviamente, esclarece ao leitor que ele também havia se encontrado com Amália antes do casamento com Olivo (ninguém poderia vir antes do famoso sedutor).

Casanova instala-se na torre do castelo de Olivo, sendo recebido com hospitalidade cuidadosa. Conhece uma donzela chamada Marcolina, e apaixona-se por ela – ou pelo menos deseja-a irresistivelmente. Amália quer rever o amigo intimamente e, diante do desinteresse dele, afirma que Marcolina não tem interesse em homem algum. Ela recusara o pedido de casamento de Lorenzi, um jovem e atrativo tenente do exército, e era apaixonada pelo conhecimento, sobretudo por matemática (algo pouco típico para uma época que o conhecimento por parte das mulheres era restrito).

Casanova vê-se dilacerado pela indiferença de Marcolina e, para distrair-se de seu pobre repertório sedutor, dedica-se ao estudo do ateísmo de Voltaire. Sua intenção é desacreditar o pensador francês por sua atitude distante de Deus. Marcolina, com vivaz inteligência, zomba dele, afirmando que Deus estaria muito mais inclinado a ateus bem-intencionados do que a devotos hipócritas. Casanova é humilhado por Marcolina; ele havia vivido sempre em mesas de jogo, nas trapaças e nos con-

94 JOSÉ ARTUR MOLINA

vites perversos da carne: não tinha a profundidade da alma da jovem mulher.

De uma garrafa que estava sobre a mesa, serviu-se de um copo-d'água. Tinha um sabor tépido e adocicado, e ele, nauseado, virou a cabeça. Do espelho preso à parede, fitou-o um rosto pálido, envelhecido, com o cabelo desgrenhado sobre a testa. Em um acesso de autopunição, deixou sua boca repuxar-se, ainda mais flácida, como um ator canastrão numa peça teatral de mau gosto. Passou as mãos nos cabelos, deixando-os completamente desgrenhados, mostrou a língua à sua imagem no espelho, com a voz propositalmente rouca, grasnou uma coleção de palavrões ridículos contra si mesmo, e no final, qual criança malcriada, soprou as folhas do manuscrito mesa abaixo. Recomeçou, então, a insultar Marcolina. Depois que a havia contemplado com os epítetos mais obscenos, sibilou entre dentes:

– Não pense que esse prazer vai durar muito! Você ficará gorda e rotunda como as demais mulheres que foram jovens como você. Uma velha de seios flácidos, cabelos grisalhos e ressequidos, desdentada e cheirando mal [...] e, finalmente, você vai morrer! Até mesmo jovem, você poderá morrer! E irá se decompor! E servirá de iguaria aos vermes. (Schnitzler, 1988, p.58)

A cruel Marcolina denunciava a sua decadência irreversível. Passeando pelos arredores do castelo antes do alvorecer, Casanova surpreende Lorenzi saindo da janela do quarto de Marcolina. Então era isso! Um amor clandestino! Desolado, Casanova não pode fazer nada senão empreender novamente o caminho em direção a Veneza.

Mas as circunstâncias, por vezes, conjugam-se e transformam-se em oportunidades, e Casanova era célere em não perdê-las. Teresa, filha de Olivo e com 13 anos de idade, vai chamar

O QUE FREUD DIZIA SOBRE AS MULHERES **95**

o hóspede na torre do castelo. Casanova não resiste, e delicia-se com a criança, ameaçando-a para ela não contar o que acontecera a ninguém.

Na sala, já o esperavam alguns convidados para a mesa de jogo. Casanova transforma dez ducados em dois mil ducados. Sua vítima é Lorenzi, que, por sua vez, pedira dinheiro emprestado a um marquês que também participava do jogo. O marquês humilha o jovem oficial do exército, por desconfiar que ele tinha um caso com sua esposa, e exige que ele pague o que lhe deve até as oito horas do dia seguinte. Diante da impossibilidade em levantar tamanha quantia em tão pouco tempo, Lorenzi vê seu destino caminhar para o fracasso: o marquês destruiria sua promissora carreira.

Eis que surge o obstinado Casanova que, sob irreparável argumentação, convence Lorenzi a vender Marcolina para ele por uma noite. São dois mil ducados! Lorenzi, em total insuficiência, cede sua capa e a chave de acesso até a janela do quarto de Marcolina. Disfarçado de Lorenzi, o inescrupuloso sedutor encontraria a felicidade. Na escuridão, onde só os olhos acostumados com a noite de Casanova enxergam, dá-se o encontro entre os dois equivocados amantes. O deleite é absoluto: Casanova encontra-se novamente com seus dias mais gloriosos e possui a jovem mulher, sentindo-se remoçar. Por outro lado, permanece o desconforto da trapaça, pois não fora um ato de sedução legítimo. O tempo, porém, transforma em generosa qualquer criatura diante de seus próprios vícios.

Com os primeiro sinais da manhã, Casanova desperta de um sonho no qual Marcolina o acompanhava numa gôndola pelos canais de Veneza. Gostaria de desposá-la e, surpreendido pela vigília, seus olhos veem um espetáculo de horror. Marcolina está em pé, diante da cama, cobrindo os seios com a roupa e seus olhos revelam asco. Desesperado, Casanova salta pela janela para encontrar-se com o cocheiro que o aguardava para empreender a fuga, mas o inesperado novamente volta a incomodá-lo: Lorenzi desembainha a espada e Casanova luta com o jovem oficial, conseguindo desferir uma estocada certeira no militar. Lorenzi morre, Casanova retorna a Veneza e ganha uma posição de importância na Corte Suprema. Ele deveria fazer-se simpatizante dos grupos subversivos ao governo para delatá-los, tarefa que desempenhara com maestria; o fantasma do fracasso com Marcolina, contudo, sempre iria acompanhá-lo (consolo dos virtuosos).

Casanova é um mito que contém ingredientes vários, inesgotáveis, por sua abrangência da vida, ainda mais nessa versão que o toma, de maneira incomum: no fim da vida, um período de decadência e de enfraquecimento de sua potência (o que pode ser tomado, de maneira geral, como signo da decadência da própria aristocracia, do Antigo regime, também ele envelhecido aos olhos de um tempo capitaneado pela burguesia e que valoriza demasiadamente o novo, o emergente, o errático e a mobilidade). Trata-se de um personagem que vive intensamente a condição de passageiro, viajante, aventureiro, típica da modernidade: ele sim vivia "de cama em cama", de aventura em aventura, de um lugar ao outro como um conquistador contumaz, bem à feição do liberal-capitalista, que não se contenta e sempre quer mais (é isso que lhe propicia o gozo, e não exatamente os objetos e experiências que consegue obter e acumular).

A velhice de Casanova, tomada como a decrepitude da aristocracia, pode ser visualizada na substituição da sedução pelo dinheiro, como forma de conquista. Velho, Casanova não consegue mais atrair as mulheres pelos seus dotes aristocráticos: ele terá que obtê-las por meio do dinheiro burguês, pois é em virtude do dinheiro que consegue recuperar seus bons tempos e ter Marcolina na cama, para seu enorme deleite. A sagacidade, o arrojo e a esperteza – qualidades bem apreciadas pela burguesia – são suas armas principais para atingir seus objetivos. A perversidade é outro traço marcante de si e do seu tempo: o

O QUE FREUD DIZIA SOBRE AS MULHERES **97**

mundo passa a ser um jogo, um grande cassino, e vencer o outro é a grande meta; submetê-lo, utilizá-lo como objeto de caprichos, sem culpa, sem pudor. A transgressão é eleita como regra, como gozo, ainda mais quando se consegue ludibriar os controles e evitar o castigo. Manipular o outro, mais do que envolvê-lo como parceiro numa trama de insurgência contra os poderes e as moralidades estabelecidas: vemos o projeto individual comandando o seu viver no mundo.

O tempo, posto em marcha pela modernidade, é o companheiro nem sempre desejado, mas inevitável. Tempo que assediou as histéricas, ao padecerem de reminiscências; que desabou vendavais nas cidades, destruindo-as criativamente; que aturdiu o camponês, surpreendido com a agitação da cidade, que fez a vida migrar, "passar de cama em cama" e que acabou por colocar Casanova na desconfortável situação de ter que abdicar de sua arma tradicional – a sedução –, e utilizar a nova e poderosa arma da burguesia – o dinheiro –, ingressando no mercado.

Incomodado com esse tempo cruel que o lançou no mundo dos negócios e mostrou sua crueldade, o aventureiro italiano é tomado por um vício dos conservadores: tentar voltar atrás, tentar parar ou reverter o fluxo do tempo. A regressão é um poderoso recurso defensivo contra mazelas do presente, sobretudo quando o passado guarda registros de um tempo de gozo e felicidade (e precisamente aí reside um dos perigos da repetição, do eterno retorno). Mas não é somente na atração da possibilidade da recuperação do "paraíso perdido" que o passado se impõe sobre o presente e paralisa a história: é também na paralisia provocada por um afeto, estancado numa experiência traumática, que não consegue escoar e permanece reivindicando sua descarga.

Casanova não tem saída: não pode continuar sua caminhada de conquistador pelo resto da vida, como outrora, sendo eterno e vencendo a inexorabilidade do tempo, como acontecia com os aristocratas. Ele volta às suas origens, a um solo seguro, assu-

98 JOSÉ ARTUR MOLINA

me, inclusive, o lugar de delator de insurgências para manter-se incólume e frear o tempo – esse poderoso aliado das transformações. Ainda que consiga algum sucesso nesse movimento conservador-regressivo, não é capaz de desvencilhar-se totalmente de um fantasma que o atormenta. Curiosamente, não é um fantasma do passado, como nas histéricas e na maioria dos mortais, mas o fantasma do futuro: aquele que viu de perto e que o abateu quando, como tivesse feito uma viagem ao futuro, encontrara Marcolina, que o desprezara e não caíra em seus sedutores encantos.

O tempo é a força invencível, que nem a aristocracia nem Casanova conseguem frear ou comandar inteiramente – e nele também podemos visualizar a presença da sexualidade como dispositivo fundamental. O caráter errático e indomável da sexualidade encarrega-se de lançar homens e mulheres no tempo, no processo de mudança, na experiência de aventuras arrojadas e de encontros e desencontros. É um importante impulso para o homem sair do sedentarismo, de um lugar fixo e estabelecido, saltar de "cama em cama". Não se trata de um caráter natural da sexualidade ou próprio de uma pressuposta natureza humana, mas de um caráter adquirido historicamente.

Casanova lança-se no mundo da aventura, premido pelo desejo de conquistar, de ludibriar, canalizado para a sexualidade. Suas vítimas são as mulheres, iludidas por promessas de amor ou de um encontro eterno: é um autêntico homem de seu tempo, em busca da exploração e da submissão da mulher; mas também podemos entendê-lo como um subversivo dissimulado, tal como os sintomas histéricos que, mesmo veladamente, escancaram a realidade da vida e do relacionamento homem-mulher. Sua sedução, *è vero*, não teria eficácia se não tocasse algum desejo feminino, ainda que estivesse muito recôndito. Levando ao extremo esse veio de análise, poderíamos dizer que, no fundo, Casanova fala dos desejos das mulheres e

O QUE FREUD DIZIA SOBRE AS MULHERES **99**

não dos homens (ou pelo menos não somente deles). Em suas investidas, mesmo em Marcolina, não faz mais do que atender e se curvar aos desejos inconfessáveis delas. Boa desculpa ou racionalização para que as mulheres pudessem realizar suas perversões, lançarem-se em prazeres desvairados, traírem seus esposos e tudo o mais, atribuindo a culpa a um astuto sedutor e mantendo-se como castas e ingênuas: uma perfeita vingança feminina contra a aura de inteligência e poder dos homens.

Um outro romance de Schnitzler, *A senhora Beate e seu filho* (1913), relata uma tragédia em que mãe e filho abraçam a morte juntos. Corpos autossacrificados pelo desejo do incesto, o livro foi um verdadeiro escândalo em Viena na época.

Beate é uma personagem complexa, com múltiplas facetas e desejos, seduzindo e sendo seduzida. Casa-se com Ferdinand, um ator de teatro, mas, antes, teve de intervir junto a uma baronesa rica para que esta deixasse o jovem futuro esposo de Beate. A sombra da morte bate à porta da casa dos Heinold e leva Ferdinand. Beate fica viúva, jovem e com o amado filho, Hugo.

E ela sente em todas as suas pulsações, em todos os seus sentidos, em seu corpo inteiro, que já não é mais a mesma que fora um dia. Ela mal consegue juntar seus pensamentos. Como eles desvariam febrilentos por seu cérebro. Ela não sabe o que ela quer, o que ela deseja, de que ela se arrepende; ela mal sabe se está feliz ou infeliz. Só pode ser doença. [...] Como é que ela conseguira viver todos aqueles anos, desde que Ferdinand partira! Casta como uma menina, sem desejo algum? Apenas naquele verão é que aquilo tomara conta dela. Será que o ar diferente daquele ano não era culpado disso? Todas as mulheres parecem estar diferentes; também as meninas; elas têm olhos mais claros, mais atrevidos, e seus gestos são irrefletidos, atraentes e cheios de sedução. (Schnitzler, 2001 [1913], p.108)

100 JOSÉ ARTUR MOLINA

O garoto de 16 anos deve ser protegido de mulheres "vamp".
De fato a baronesa Fortunata já estava rondando o espaço íntimo
de seu filho: algo deveria ser feito! Estaria ela a tempo?

Ela temia que não. Pois já pressentia: assim como Hugo
possuía as feições do pai, devia correr por suas veias o mesmo
sangue dele; o sangue escuro daqueles homens que pertenciam
a um outro mundo, um mundo sem leis, e que já quando são
garotos são queimados por paixões másculo-sombrias. [...] Por
que em seus braços (o marido) ela era amante do Rei Ricardo
e de Cyrano e de Hamlet e de todos os outros, cujos papéis ele
representava; a amante de heróis e bandidos, de abençoados e
assinalados, de homens diáfanos e misteriosos? Sim, por acaso
ela – de modo meio inconsciente, é verdade – não desejara ser
a esposa do grande ator já quando era menina apenas porque
uma união com ele oferecia a única oportunidade de seguir o
caminho da honra que parecia ter sido destinado a ela através
da educação burguesa que tivera, e ainda assim levar, ao mesmo
tempo, uma existência aventureira e selvagem, para a qual se
inclinava em sonhos ocultos? (Schnitzler, 2001 [1913], p.20-1)

A Senhora Beate caminha entre a cruz e a espada, entre a virtude e as paixões. Tenta salvar Hugo de Fortunata, humilhan-
do-se diante dela para salvar seu menino de 16 anos das garras
daquela "devassa". "Será que consegui?" – se pergunta Beate. A
baronesa dera a sua palavra; mas seria possível confiar na palavra
de uma mulher?

Não fora, entretanto, Beate quem seduzira ou fora seduzida
por Fritz Weber, amigo de colégio de Hugo? Era por acaso, a
despeito da presença de sua esposa, que o Sr. Welponer a asse-
diava com os olhos. Beate tinha esperanças que se, de repente,
ela mergulhasse em paixões irremediáveis, ele poderia, com o
casamento, salvá-la. O que dizer do Dr. Beltram que a perseguia
com olhos de desejo?

O QUE FREUD DIZIA SOBRE AS MULHERES 101

E com um leve susto ela percebeu que uma imagem se elevava, avassaladora, em sua alma: ela viu a si mesma, lá em cima, sobre os almes, no crepúsculo do anoitecer, recolhida aos braços do Dr. Beltram. Mas apenas viu a imagem, não havia nenhum desejo acompanhando-a; fria e distante, semelhante à aparição de um fantasma, a imagem elevou-se nos ares e desapareceu. (Schnitzler, 2001[1913], p.78-9)

Através de Fritz, Beate toma conhecimento de que o marido dela era amante da Sra. Welponer. O que diziam era que o casal Welponer não havia nascido para um relacionamento.

O mundo, naquela pequena cidade, naquele verão, era construído de aventuras, traições e corpos apaixonados. Mas, para a Sra. Beate, tudo estava envolto numa aura de um enorme sentimento de solidão e sofrimento:

Passados eram os tempos em que Hugo era uma criança, a sua criança. Agora ele era um homem jovem, alguém que via sua própria vida, a respeito da qual sequer precisava mais de dar explicações à mãe. Jamais ela voltaria a acariciar suas faces, seus cabelos, jamais voltaria a beijar seus doces lábios de criança como outrora. Só agora, que também havia perdido a ele, é que ela estava só, definitivamente só. (Schnitzler, 2001 [1913], p.85)

Beate vivia entre o amor à retidão burguesa (sempre aparente), o amor ao seu filho, como se quisesse reintroduzi-lo no seu ventre, e um desejo de entrega sem limites às seduções de homens ousados:

Então, de súbito, percebeu, avergonhada e assustada, que ficara contente por Hugo estar longe. Sentiu os lábios de Fritz colados aos seus, e um anseio imenso se elevou dentro dela, um anseio que ela jamais, mesmo em tempos passados há muito, acreditara ter sentido. Quem pode levar-me a mal por causa dis-

so?, ela pensou. A quem devo explicações? E, com braços ane-
lantes, puxou o jovem ardente para junto de si. (Schnitzler, 2001
[1913], p.90)

"A morte é amarga e a virtude uma palavra vazia": é assim
que Beate justificava suas aventuras, aproveitando o momento
de realização de desejos, por mais efêmeros que fossem. Apesar
disso, permanecia uma angústia incansável, como que denun-
ciando a distância que havia entre o que ela pensava e o que fazia.

Foi capital o dia em que ela ouve, às escondidas, Fritz fazendo
confidências a um amigo sobre uma suposta mulher com a qual
havia tido experiências muito interessantes. Os jovens poderiam estar falando de qualquer pessoa, mas quase que delirante,
Beate sente-se aludida. O pequeno mundo de Viena descobrirá
quem ela é. Beate sente a rocha da moralidade esmagando-a de
tal forma que ela já não encontraria um lugar no planeta para
viver serenamente. Uma revoada de pensamentos vem-lhe à
mente, muitos deles contraditórios, sintoma de sua solidão. Ela
procura por Hugo na casa, silenciosa, quando a noite se aproxi-
ma. Encontra-o prostrado no divã e abraça-o; diante desse gesto
materno, Hugo desespera-se em lágrimas e, mesmo sem saber o
motivo, Beate o acalma e decidem ir passear no lago. Decidem ir
sozinhos, apesar dos convites amistosos para jantar, vindos do
Hotel do Lago. Embarcam num pequeno barco a remo e, quando alcançam o meio do lago, as vozes do Hotel não são mais au-
díveis. Os lábios da mãe encontram os lábios do filho. O barco
vira com intencionalidades; a água os recebe e os leva, abraça-
dos, para a eternidade. Tudo sob o luar de uma noite de verão.

Em *A senhorita Else* (1924), uma jovem deslumbrante, Else,
joga tênis com seu primo, Paul, e sua amante, Cissy (a aristocracia vienense inspira-se na inglesa, na qual o tênis é um esporte
essencial). Alegremente, Else abandona o jogo e vai descansar
para, logo mais, à noite, participar de um banquete. Eles encontram-se no luxuoso Hotel Fratazza, em Martino de Castrozza, e

embora tudo convocasse ao luxo e a riqueza, Else era clandestina naquele meio. Ela é filha de um advogado, admirado por suas eloquentes defesas no tribunal do júri, mas fracassado em virtude de suas aventuras no jogo e na bolsa. Ninguém da família passaria incólume às mazelas financeiras do pai, sobretudo, Else.

Jovem de 19 anos e sem ainda ter experimentado o amor (em seu jeito altivo, ela quase que prescindia dele), Else era, por onde andava, observada por mulheres ressentidas e homens embriagados de paixão, todos pelo mesmo motivo: sua beleza.

Não penso em ninguém. Não estou apaixonada por ninguém. Jamais me apaixonei por alguém. Nem pelo Albert, apesar de ter acreditado que estava, durante oito dias. Acho que não consigo me apaixonar. É realmente estranho, pois é claro que sou uma pessoa sensual. Mas, graças a Deus, também altiva e inacessível. Talvez eu só tenha me apaixonado uma vez, aos treze anos. Por Van Dyck ou, mais certo, pelo abade Des Grieux, e também pela Renard. E depois, quando eu tinha dezesseis anos, no Wörthersee. Não aquilo não foi nada. Porque estou pensando nisso? Não estou escrevendo minhas memórias. (Schnitzler, 1985 [1924], p.8-9)

Memórias? Impensável para uma jovem de 19 anos (parecia um sinal de que o inesperado estava por vir). Else recebe uma carta da mãe com uma súplica para que ela interceda junto ao repugnante Sr. Von Dorsday a fim de obter um empréstimo de 30 mil florins para que seu pai não fosse preso.

Após muitos ensaios e titubeios, Else, vestida para a circunstância, aventura-se e, diante do visconde, faz o pedido. Dorsday invoca a grande amizade com a família de Else, inclusive já havia emprestado oito mil florins a eles; esse dinheiro, contudo, nunca havia sido pago, o que dificultava um novo empréstimo – a menos que uma contrapartida fosse colocada sobre a mesa. O

104 JOSÉ ARTUR MOLINA

visconde concorda com o empréstimo, mas com a condição de poder admirar a juventude do corpo de Else.

A partir desse momento, Else vive um conflito sem precedentes que vai levá-la à loucura, conduzida pela repugnância. Seus pensamentos vão do ódio com respeito à mãe, que, aliás, já havia feito esforços para casá-la com um ancião, embora de boa condição financeira. Pensou que seu pai não tinha nenhum amor pelos filhos, afinal vivia como um viciado no jogo e na bolsa de valores. Que ele fosse para a cadeia, então! Ela iria para algum lugar ser feliz ao lado do mar. Quem sabe com o jovem italiano do hotel, ou Fred, que a superestimava. Ou, mesmo Paul, seu primo, que provavelmente não sentia nada por Cissy.

Acabou-se o arrebol alpino. A noite não está mais maravilhosa. A paisagemw está triste. Não, não é a paisagem, a vida é que é triste. E continuo sentada, impassível, no peitoril da janela. E papai será preso. Não, jamais! Isto não pode acontecer. Eu o salvarei. Sim, papai, eu o salvarei. É bem simples. (Schnitzler, 1985 [1924], p.18)

O amor filial pode sofrer de ambivalências, mas, no final, Else prepara seu corpo e sua alma para os olhos do *voyeur*. Seus pensamentos não param:

E o que aconteceu este ano em Gmunden, de manhã, às seis, na varanda, distinta senhorita? Você por acaso não notou os dois jovens que a observavam fixamente de um barco? Evidentemente não podiam ver nitidamente o meu rosto, mas que eu estava de camisola, isso sim. E achei ótimo, fiquei encantada. Acariciei meus quadris com as mãos, como se não soubesse que me viam. E o barco não se movia do lugar. Eu sou assim, assim mesmo. Uma desavergonhada. Todos percebem isso. Também Paul. Claro, ele é ginecologista. O tenente da marinha também notou e o pintor também. Somente Fred, aquele bobo, não per-

O QUE FREUD DIZIA SOBRE AS MULHERES **105**

cebe nada. Por isso é que ele me ama. Mas justamente para ele
é que eu não gostaria de me despir. Nunca! Não teria nenhum
prazer. Teria vergonha. Já para o fauno com a cabeça romana seria um prazer. É o meu preferido. Mesmo que logo depois tivesse que morrer. Mas não seria necessário morrer logo em seguida.
Pode-se sobreviver perfeitamente a tal coisa. Bertha sobreviveu
a várias. Cissy seguramente também fica nua na cama quando
Paul se esgueira até seu quarto, através dos corredores do hotel,
como eu hoje à noite terei que me esgueirar até o quarto do sr.
Von Dorsday. (Schnitzler, 1985 [1924], p.38-9)

Completamente nua, debaixo de um casaco de pele, Else
caminha sem determinação ou entusiasmo, vagando pelo hotel
à procura de Dorsday – parecia uma sonâmbula. Chega até o
salão de jogos, e o visconde está lá, junto com outros homens –
inclusive o fauno romano. Else, com a mente em névoa, deixa
cair o sobretudo e, a seguir, desmaia. Sua tia, envergonhada,
histérica, grita que quer abandonar o hotel. Else é levada para
seu quarto. Finge estar desfalecida e ouve tudo o que dizem sobre ela (ela quer morrer). Num momento de descuido de Paul,
que é assediado naquele momento por Cissy, Else alcança o Ve-
ronal preparado previamente, toma todo o seu conteúdo e deixa
o copo cair. Advertido pelo barulho, Paul volta a olhar a face de
Else de muito perto, com a esperança de seu retorno à vigília.
Em poucos momentos, Else não precisará dissimular seu estado inconsciente: a dose letal a levará a morte. Enfim, segura da
maldade e da hipocrisia humanas, seu corpo jamais seria objeto
de alguém.

Aqui o tema da sexualidade e dinheiro é tratado mais expli-
citamente, pois em vez da clássica relação homem/mulher da
aristocracia (na qual o homem era o dono e feitor da mulher e
praticamente uma escrava de seu senhorio), Else vive o cenário
burguês no qual o homem adquire ou compra a mulher; não para
possuí-la, mas para consumi-la. Não se trata mais de apropria-

106 JOSÉ ARTUR MOLINA

ção, de posse, mas de exploração, de comércio. Uma exploração semelhante ao do abuso sexual praticado contra as crianças, cujas sequelas ressuscitavam nos sintomas histéricos.

Mas também em Else podemos ver a mulher atraída pela sedução do dinheiro, tal como o homem burguês obcecado pelos negócios – uma atração que se inscreve em seu corpo. Se o homem tem que colocar sua razão a serviço do capital, a mulher tem que colocar seu corpo (sua sexualidade) vivendo, sem metáforas, a realidade da prostituição. Se o homem se entrega ao dinheiro e o usa para subordinar outros e, principalmente, a mulher, ela resiste até a morte, como Else, que prefere morrer a se entregar às perversões mundanas.

Dr. Gräsler – médico das termas (1914) traz a história de um médico, Dr. Gräsler, ambulante. No inverno europeu, ele atende os pacientes na ilha de Lanzarote, no Atlântico perto da costa africana; no verão, vai para as termas, onde mantém um consultório para pacientes que para lá se dirigem em busca de tratamentos de hidroterapia. Gräsler é um homem solitário; ele nunca se casara e sua solidão havia aumentado principalmente depois que a irmã, com quem vivia, se suicidara em Lanzarote. Triste acontecimento, pensava ele, para uma mulher que não havia sequer conhecido os prazeres do amor, da vida em família com marido e filhos. Era uma mulher virtuosa, abnegada, dedicada ao irmão, depois de ter acompanhado os pais até o fim da vida, um após o outro. Apesar de sua expressão carregada de melancolia, seu irmão jamais conseguiu perceber que Friederike pudesse estar sofrendo a ponto de dar fim a própria vida.

De seus anos de moça, ele conhecia pouco, uma vez que havia passado praticamente toda essa época em viagens pelo mar, na condição de médico de bordo. Quando, há quinze anos, pouco após o irmão ter pedido demissão do Lloyd, ela enfim deixara a casa paterna na pequena cidade, depois de os pais terem fale-

O QUE FREUD DIZIA SOBRE AS MULHERES 107

cido um logo após o outro, para se juntar a ele a fim de segui-lo na condição de governanta pelos diversos lugares em que morou, ela havia passado há tempos a fronteira dos trinta anos; todavia seu semblante conservava a graça juvenil e seus olhos mantinham um brilho tão enigmaticamente negro que não lhe faltaram as homenagens, a ponto de Emil, por vezes não sem motivos, ter chegado a temer que ela poderia lhe ser arrancada por algum pretendente tardio. Quando também as últimas perspectivas deste tipo sumiram com os anos, ela pareceu ter se acomodado a seu destino sem a menor queixa, embora o irmão acreditasse lembrar agora de um que outro olhar vindo dos olhos dela, que se diria a ele carregando consigo uma leve acusação, como se também ele fosse, de um jeito ou de outro, responsável pelo infortúnio de sua existência. (Schnitzler, 2002 [1914], p.18)

Terminada a temporada em Lanzarote, Gräsler, volta para as termas. Amargurado por ter, na sua idade, que cuidar de si em todos os sentidos, seu único amigo era o advogado Böhlinger, que além de prestar serviços profissionais ao médico, compartilhava momentos de conversa relaxada com ele, acompanhados de um charuto com relativa frequência. Ainda assim, o tédio de Gräsler relutava em abandoná-lo. A vida, todavia, é repleta de acasos que podem mudar destinos, e o médico é chamado com urgência à casa do guarda florestal para cuidar de uma senhora. Muito a contragosto vai cumprir sua obrigação e, como que por um presente dos deuses aos profissionais virtuosos, Gräsler é recebido pela filha, Sabine. Doce, a jovem mal havia chegado aos vinte e cinco anos; possuía um olhar penetrante e uma segurança ímpar para descrever os males sofridos pela mãe. "[...] uma segurança que ele não estava acostumado a constatar em jovens lábios femininos". (Schnitzler, 2002 [1914], p.22)

O Dr. Gräsler consegue, através das visitas profissionais, um lugar amistoso na família Schleheim. Sabine havia feito com que o velho médico rejuvenescesse a ponto de:

108 JOSÉ ARTUR MOLINA

[...] [ao continuar] a contar suas viagens; sua voz, de normal um tanto rouca, apesar dos pigarreios constantes, soava a ele mesmo com uma nova, ou pelo menos estranha, suavidade, e ele sentia--se ouvido com uma atenção que há tempos não havia gozado. (Schnitzler, 2002 [1914], p.37)

Gräsler também cativa o Sr. Schleheim. Cantor de ópera aposentado, prematuramente por um erro médico em suas cordas vocais, o pai de Sabine vivia das lembranças dos teatros, das apresentações ao lado de líricos famosos. Ele também era um homem desolado com seu presente, como se pode constatar num diálogo dele com Gräsler:

– Sim, se Sabine – observou ele, sombrio – tivesse herdado junto com meu talento também o meu temperamento, que futuro não haveria de florescer para ela! – E contou que em Berlim, onde ela encontrara, na sua opinião, um lar demasiado burguês junto aos familiares de sua esposa, a moça até havia praticado por algum tempo estudos de canto e de teatro, voltando a abandoná-los pouco mais tarde devido a uma aversão insuperável pelo tom libertino de seus jovens colegas, moços e moças.

– A senhorita Sabine – observou o doutor Gräsler, fazendo um aceno compreensivo – tem uma alma pura de verdade.

– Sim, por certo ela a tem! Mas o que significa isso, meu caro doutor, se comparado aos proveitos colossais de conhecer a vida em todas suas grandezas e abismos! Por acaso isso não é melhor do que conservar a alma pura?

Ele olhou para o infinito, e em seguida prosseguiu em tom desanimado. Assim um dia ela deixou para trás todos os seus, ou, melhor dizendo todos os meus planos de arte e fama, para, não sem acentuar conscientemente a oposição representada pela nova opção, inscrever-se num curso de enfermagem, em cujo exercício ela de repente parecia ter encontrado uma aptidão especial dentro de si. (Schnitzler, 2002 [1914], p.49)

O desânimo do Sr. Schleheim não se remete apenas ao seu próprio destino – a passagem do glamour para viver numa aldeia esquecida dos aplausos – mas também é motivado pela escolha da filha. De que valem virtudes tristes diante dos alegres descompassos do prazer? De que valem destinos de retidão ante as curvas do hedonismo? Antes os riscos da liberdade do que a certeza da clausura da moralidade, pensava o Sr. Schleheim.

Os pessimistas se surpreenderiam ao ver a jovialidade do médico Gräsler, o quanto a atenção de uma jovem mulher pode reparar narcisicamente um homem que se sentia derrotado pelo peso de existir. Gräsler estava enlouquecido por Sabine, mas nem por isso teve coragem de tomar uma iniciativa.

O verão foi consumindo seus dias derradeiros para aquele ano e Sabine, na intenção de que Gräsler não voltasse para Lanzarote, informa ao doutor que o sanatório local está à venda e que poderia ser um grande negócio para ele. Ignorando as intenções da jovem, Gräsler interessa-se pelo empreendimento, embora inquirindo a si mesmo se ele nascera para fixar-se em algum lugar. Ao perceber os titubeios do doutor, Sabine joga-se nos braços dele e, através de uma carta, oferece-se para trabalhar com ele no sanatório. Não é por amor, mas por admiração: "Eu tenho amor por vós, meu amigo, na verdade não como o amor é descrito em romances, mas de qualquer forma, firme no coração!" (Schnitzler, 2002 [1914], p.67).

Diante da possibilidade de ter Sabine como esposa, o médico estremece: "Havia nascido para ser solteirão, era um tipo esquisito, egoísta e filisteu durante a vida inteira" (Schnitzler, 2002 [1914], p.71). Ele pede um tempo e volta para sua cidade natal.

Katarina, num passeio descompromissado dentro de um bonde, cruza com o Dr. Gräsler. Os dois ficam amigos, vão ao teatro e, em seguida, tornam-se amantes após o jantar, tendo uma convivência feliz por algumas semanas. Sabine, no entanto, volta a

110 JOSÉ ARTUR MOLINA

dominar os pensamentos do médico, que se despede de Katarina, ainda que com a melancolia típica da separação dos amantes. Antes disso, Gräsler verifica objetos pessoais de sua irmã. Encontra um maço de cartas amarrado por um barbante, escrito: queimar! Entre a curiosidade e o respeito ao desejo da irmã, prevalece a primeira possibilidade. Emil Gräsler descobre pelas cartas inúmeros amores e amantes de sua irmã, como seu amigo de infância, o Dr. Böhlinger – o casamento com ele não havia acontecido, inclusive, porque Friederike o havia traído. Um súbito ódio invade a alma de Gräsler, por ter carregado a culpa da falsa virtude da irmã sobre seus ombros; e apesar dela ter cuidado dos pais até a morte, ela o havia enganado! Talvez por isso, a virtude de Sabine tenha-o seduzido mais do que o disponível corpo de Katarina: afinal era um filisteu!

De volta às termas, o Dr. Gräsler chama o cocheiro para empreender o caminho à casa do guarda florestal, imbuído pelo desejo de comprar o sanatório e viver feliz com Sabine. Ao chegar percebe um ambiente contrário às suas expectativas: Sabine está fria, seus olhos distantes. Gräsler sente sua alma sobressaltada. O sanatório não seria mais vendido e, aparentemente por isso, o interesse de Sabine havia desaparecido. Desolado, o médico volta para casa, tentando dormir em meio a uma ebulição de pensamentos. Como por milagre, Katarina (a bondosa) ocupa o lugar de Sabine no seu pensamento, pois afinal Sabine (com seu orgulho e interesse, com seu amor miserável) havia sido associada à irmã. Falsas virtudes! Antes... as verdades do pecado!

O Dr. Gräsler, médico viajante, desta feita não para atender pacientes, mas para ser feliz ao lado de uma mulher, volta a sua terra natal a fim de encontrar Katarina. Vai até a loja onde ela trabalha na hora da saída e não a encontra lá. Gräsler estranha, e se questiona para onde ela poderia ter ido. Aventa para a possibilidade de que talvez as férias ainda não tivessem acabado, e que ela encontraria-se em casa, com a família. Mas também poderia ser que àquela hora já estivesse com outro homem: cer-

O QUE FREUD DIZIA SOBRE AS MULHERES 111

tamente, pois afinal, não passava de uma alcoviteira uma mo-
çoila de loja! Sentia-se um idiota; ele a conquistara com tanta
facilidade...

Em pouco ficaria claro com quem ela estava, a não ser que
ela tivesse se metido à casa do novo amante desde logo [...].
Mas isso ele não precisaria temer. Não é fácil voltar a encontrar,
tão logo, um bobo que aceitasse a companhia de uma criatura
daquelas em sua própria casa, sim, uma coisinha velhaca, fo-
foqueira, ignorante e mentirosa como aquela. Ele a desprezou
com todas as suas forças e entregou-se a esse sentimento sem a
menor consideração, e inclusive com uma certa volúpia. Achais
que isso é, por acaso, um tanto filistino por demais, minha senhorita? [...] e ele voltou para Sabine, tão distante, pela qual
no mesmo instante sentiu aflorar em si um ódio violento. Pois
bem, eu não posso vos ajudar. Ninguém é capaz de fugir de sua
própria pele, nem homem nem mulher. Uma nasceu para ser
comborça, a outra foi feita para morrer donzela e uma terceira,
apesar da melhor educação em uma família burguesa alemã,
leva uma existência de cocote, engana seus pais, seu irmão [...]
e depois se suicida por já não encontrar mais um coração solíci-
to de um homem. E de mim Deus fez um pedante e um filisteu,
que fazer [...]. (Schnitzler, 2002 [1914], p.150-1)

Dr. Emil Gräsler estava furioso com todas as mulheres e,
como forma de vingança, promete ir a Paris para divertir-se:

[...] divertir-me como jamais me diverti... E ele sonhou estar em
locais de má-fama, cercado pela dança selvagem de fêmeas semi-
nuas, planejou orgias monstruosas como se fossem uma espécie
de vingança demoníaca contra o sexo miserável, que o havia tratado com tanta falsidade e infidelidade; vingança contra Katarina, contra Sabine, contra Friederike. (Schnitzler, 2002 [1914],
p.151)

Arthur Schnitzler vai dar um puxão de orelhas em seu personagem por tanta precipitação. Gräsler encontra sua doce Katarina enferma na casa da família: não tinha dúvidas, era escarlatina (uma doença atípica em adultos). Lembrava-se da viúva Sra. Sommer quando havia interrompido seu idílio com Katarina para atender sua filhinha, enferma da mesma doença, vizinha de seu apartamento. Depois de enterrar Katarina, desolado, mais uma vez, Gräsler acaba curando sua solidão indo à Lanzarote com seu novo amor: a Sra. Sommer (que, por ironia, significa verão em alemão), acompanhada da menina curada da escarlatina. É curioso notar que frequentemente apenas as mulheres morrerem nos romances de Schnitzler: Gräsler e Casanova saem ilesos de suas aventuras.

Crônica de uma vida de mulher

Crônica de uma vida de mulher (1928) é uma obra símbolo de Arthur Schnitzler. Nela, a mulher também está presente, assim como o cotidiano das famílias vienenses por onde a personagem principal circula. Romance com título bastante sugestivo considerando-se o enredo da narrativa (a crônica é um gênero textual que, por princípio, aborda fatos cotidianos), somos levados a conhecer o dia a dia da personagem Therese, que possui uma vida pouco interessante, sem grandes eventos ou emoções. A mesma simplicidade sugere os termos "uma vida de mulher", pois essa frase pode ser igualmente interpretada como se se referisse à vida de qualquer mulher inserida naquele tempo, naquela realidade social. São mulheres que, apesar de estarem mais entregues à sensibilidade e as novas formas de pensar o amor, diferentemente do ideário romântico de família patriarcal, no fundo, acabam se deparando com a mesma possibilidade para ter sua vida resolvida: o casamento.

No início do enredo o autor cria a expectativa de um personagem disposto a enfrentar a sociedade, em busca de um

O QUE FREUD DIZIA SOBRE AS MULHERES **113**

destino diferente das mulheres da época. Therese mostra-se descontente com os padrões sociais. Pouco dada a paixões: ela é objetiva e aparenta ter bastante clareza sobre o que deseja para sua vida:

> E ela não desejava para si nada melhor do que passear sem rumo pelas ruas como no passado e talvez até mesmo se perder, coisa que lhe havia acontecido duas ou três vezes, e em todas elas ela fora dominada por um arrepio tremebundo, mas delicioso. (Schnitzler, 2008 [1928], p.20)

A mãe de Therese era de ascendência nobre; já seu pai, militar aposentado prematuramente, morre num manicômio – provavelmente em decorrência de sífilis.

Com 16 anos, a jovem e seu irmão Karl, três anos mais velho, mudam-se com a família para Salzburgo em busca de uma vida mais tranquila, conforme o desejo do pai; Therese, contudo, sabe que não ficará com a família por muito tempo e espera uma vida diferente das outras mulheres da época.

Aos poucos o núcleo familiar vai se esfacelando: o pai enlouquece, o irmão segue para Viena, a mãe escreve romances (de gosto duvidoso) para um jornal e torna-se cafetina, chegando inclusive a sugerir que a filha seja amante de um homem velho e rico, afirmando que esse era o melhor destino para que elas tivessem uma vida confortável. Therese a ignora.

A jovem mantém um namoro com o Alfred, um rapaz de família burguesa e com futuro já decidido – seria médico como o pai; porém, ela não tem o menor interesse no rapaz (ele é pouco atrevido e desinteressante, ao menos para ela, que chega a se queixar pelo fato do rapaz não avançar em suas carícias). Mesmo assim, ele propõe que ela o espere enquanto estuda em Viena para depois se casarem. Mas Therese, com seu espírito inquieto, pouco acredita nessa possibilidade e, no fundo, considera a proposta uma responsabilidade que não quer ter – sobre-

114 JOSÉ ARTUR MOLINA

tudo quando o jovem diz que só irá passar o último período de
férias na cidade por causa dela. Personagem previsível, Alfred
não percebe que suas atitudes não condizem com as expectativas de Therese:

> Ela ficou impassível, pode-se dizer quase aborrecida, pois
> lhe parecia apenas que aquele jovem, aquele rapaz se atrevia, em
> toda sua humildade, a apresentar-lhe uma espécie de cheque de
> culpa, que ela sentia pouca vontade de descontar. (Schnitzler,
> 2008 [1928], p.23)

Alfred parte para Viena e Therese ignora o compromisso
com ele, coisa que ela nunca havia desejado mas, mesmo assim,
sente-se à vontade na nova situação. Ela se envolve em novo romance com um tenente, Max, homem por quem sentiu atração
desde a primeira vez que se encontraram na rua e que agora a
seduz – sem muito trabalho por sinal. Therese entrega-se a esse
amante sem nenhuma preocupação de exposição ou comentá-
rios morais, o que só vem a contribuir para tornar a protagonista
mais curiosa aos olhos do leitor.

Ao descobrir seu relacionamento com Max, Alfred envia
uma carta para aquela com quem acreditava ter um compromisso, mas a moça ignora suas palavras; ainda assim, ele envia
outras cartas, as quais ela sequer se dá o trabalho de abrir. Num
determinado momento, tomada por uma insegurança, Therese
exige que Max case-se com ela e, ao ouvir todas as juras de amor
do rapaz, embarca num trem para Viena sem sequer despedir-se,
deixando apenas um bilhete para sua mãe. Therese não sabe o
que quer, mas sabe o que não quer: estar ali não é, nem de longe,
o seu desejo. Sua vida causa-lhe um certo enjoo, e ela precisava
buscar experiências, libertar-se, arriscar-se, e assim o faz.

> Quando chegou em casa pela manhã, trancou-se em seu
> quarto; cansada e enojada, empacotou suas coisas, deixou algu-

O QUE FREUD DIZIA SOBRE AS MULHERES 115

mas frias palavras de despedida à mãe e, pegando o trem da tarde, viajou para Viena. (Schnitzler, 2008 [1928], p.74)

Em Viena, após algumas entrevistas, consegue um emprego como preceptora de quatro crianças entre 3 e 7 anos, o que não deu certo. Therese passa por algumas casas, chegando, inclusive, a sentir-se culpada por não se adaptar em lugar algum. Há nela um certo inconformismo, pois, no fundo, ela acreditava ser bem melhor do que outras pessoas, afinal tinha boa formação, hábitos finos e, portanto, achava-se merecedora de outra condição econômica e social.

E assim ela mudou de emprego algumas vezes, não sem sentir culpa por sua incapacidade em se adaptar sob um teto estranho; às vezes também era de sua própria impaciência, de um certo orgulho, que por vezes a atacava, de uma certa indiferença em relação às crianças confiadas a sua guarda. (Schnitzler, 2008 [1928], p.75)

Seria essa subversão sinal de seus infortúnios?

[...] sozinha no quarto das crianças como raramente acontecia, sentia o sossego indesejado e refletia sobre seu destino, nesses momentos toda a miserabilidade desse mesmo destino se mostrava em toda sua clareza como em uma iluminação repentina. (Schnitzler, 2008 [1928], p.76)

Outra porta abre-se nesse momento: ela conhece um rapaz, Kasimir, por quem, de início, chega a sentir desprezo, mas acaba se envolvendo – mais por falta de opção do que qualquer outro sentimento mais profundo. Começa a ficar mais perceptível nesse momento a dificuldade do personagem em lidar com sua vida: quando tem tudo para buscar o caminho da felicidade, ela parece tender ao tortuoso.

Os dois iniciam um relacionamento e Therese entrega-se aos mais ardentes desejos e, como não poderia deixar de ser, amargura e desilusão aparecem em forma de uma gravidez. Mais que

116 JOSÉ ARTUR MOLINA

isso, ela descobre, se é que já não sabia, que o amante mentira sobre seu nome, nem mesmo seu endereço era verdadeiro; além disso, ele já era pai de família. Kasimir era um mentiroso, sedutor e irresponsável, algo que, inclusive, Therese tinha percebido quando o conheceu, mas acabou ignorando com o tempo, como havia ignorado tantas outras coisas em sua vida.

Ela pensa em fazer um aborto, mas aquela criatura aparentemente decidida do início da história mostra-se cada vez mais indiferente à sua própria existência, tendendo sempre a escapar das circunstâncias e da realidade (principalmente quando uma atitude por parte dela seria crucial): ela foge da responsabilidade sobre si mesma.

A situação é péssima: Kasimir desaparecera e ela precisaria fazer um aborto; porém, não consegue, não por questões morais mas pela dificuldade de encarar os fatos, e decide morar na casa da Sra. Nebling, pagando o aluguel com as economias que tem. Therese aguarda o nascimento do filho, por quem, até o momento, não nutrira sentimento algum.

O nascimento da criança é um grande desespero: seria talvez melhor que ela tivesse morrido, pensa. Quem sabe assim ela ficaria livre daquele destino cruel e avassalador, que a arrastara às profundezas do inferno. Sem qualquer ajuda, absolutamente sozinha, desesperada de dor, ela dá a luz, se é que o termo cabe na situação de Therese.

Mais uma vez saltou da cama, arrastou-se pelo quarto ao lado até diante da porta da Sra. Nebling; ouviu, bateu, tudo ficou em silêncio. Ela voltou a se recuperar. Mas o que ela estava querendo da Sra. Nebling? Não precisava dela. Não precisava de ninguém. Queria estar sozinha, continuar sozinha, conforme havia estado o tempo inteiro. Era melhor assim. Em seguida, já sobre a cama, voltou a ficar calma, até que as dores se apossaram dela com uma violência tão monstruosa que nem sequer teve mais forças para gritar. (Schnitzler, 2008 [1928], p.142-3)

O QUE FREUD DIZIA SOBRE AS MULHERES 117

Após o nascimento de Franz, parece haver uma trégua. Não que a vida da protagonista tenha se tornado melhor, longe disso, pois dali por diante ainda teria o peso de um filho para criar e, para isso, teria de voltar a trabalhar. Porém, diante do que já havia passado, os três seguintes anos foram, poder-se-ia dizer, ao menos de paz.

Therese entrega o filho aos cuidados de uma senhora que vivia no campo com o marido e a filha. Consegue um emprego numa casa agradável e vive em harmonia com a família que a emprega; ela tinha folga a cada duas semanas, as quais aproveitava para visitar o filho, e, por vezes, sentia-se feliz com isso.

As poucas horas que passava no campo, em Enzbach, a cada uma ou duas semanas, significavam para ela sempre de novo a mais pura felicidade. E aquela sensação de monotonia e de vazio, que havia tomado conta dela em certo dia chuvoso de verão, não voltou a aparecer nem mesmo nas horas mais sombrias do outono. (Schnitzler, 2008 [1928], p.153-4)

Mas, como sua vida não fora destinada para a paz, Therese é dispensada do trabalho, o que a comovera profundamente. Pela primeira vez sentia-se confortável, quase parte da família, e revoltou-se por um bom tempo, aproveitando para ficar um período com o filho no campo. Os anos vão passando e ela vai mudando de emprego de tempos em tempos, distanciando-se do filho. Therese sente-se incomodada com os hábitos camponeses do garoto, o que, mais uma vez, acaba por demonstrar o quanto ela se sente distante da educação que ele recebeu, sobretudo em relação à condição em que se encontra. Algumas vezes pensa em levá-lo para a cidade; mas sua dificuldade em lidar com a vida a impede de tomar qualquer atitude.

Um novo romance começa, e Therese torna-se amante de um homem de posses – um conselheiro ministerial a quem conhecera num trem quando ia visitar o filho; o relacionamento não é

118 JOSÉ ARTUR MOLINA

nada que lhe cause empolgação, pois já sabia que não resultaria em nada sério: os dois eram de classes sociais muito diferentes, tanto que ela mente sobre o filho, afirmando que havia sido casada e agora estava separada do marido havia dois anos, mas que o filho estava morto. Therese parece não entender porque mente, mas assim mesmo o faz, sem grandes arrependimentos. De certa forma, ela valoriza os momentos que passa na casa do amante, com mesa farta e tranquilidade. Esse relacionamento também acaba sem deixar marcas no coração dela, e o eterno desencontro com os homens continua.

> Ao conselheiro ministerial, Therese havia dirigido algumas cartas nos primeiros tempos de sua permanência em Enzbach. As respostas dele, curtas e formais e em relação ridiculamente desproporcional com as ardentes invocações e assinaturas, tinham o efeito de parecer insuportáveis a Therese. Em uma das vezes ela adiou a resposta. Não ouviu mais nada acerca dele, e no fundo ficou feliz com isso. (Schnitzler, 2008 [1928], p.200-1)

Therese passa por novos empregos e começa a trabalhar na casa de um viúvo, pai de uma garota de 17 anos e cego; quando este começa a assediá-la, porém, ela pede para sair.

Consegue um novo trabalho na casa de um casal com um filho único, da mesma idade de Franz. Dessa vez ela se afeiçoara ao menino de forma incontrolável, pois via nele tudo que achava justo ver em um filho seu – se algum dia, obviamente, tivesse planejado ter um, o que não era o caso. Assim, ela passara a ver mais problemas em seu próprio filho, e a situação entre mãe e filho piora ainda mais: começa um novo calvário. Nesse ínterim, Therese reencontra Alfred, que se torna seu grande confidente e amante esporádico:

> Quando enfim se entregou a ele num entardecer antes da primavera, no quarto um tanto desolado, mas ainda assim bem

O QUE FREUD DIZIA SOBRE AS MULHERES **119**

arrumado que ele habitava no subúrbio de Alser, ela teve menos a sensação de uma satisfação há muito desejada do que a consciência de uma obrigação enfim cumprida. (Schnitzler, 2008 [1928], p.219)

Fora Alfred quem a aconselhara a entregar o filho a um outro casal em Viena. Apesar da proximidade de Franz, Therese apega-se cada vez mais a Robert, o garoto de quem cuidava agora.

Isso não incomodou Therese tanto quanto deveria, e ela não pôde esconder de si mesma que no centro de sua vida sentimental não estava o amor pelo filho, nem mesmo a inclinação por Alfred, mas sim a relação com o pequeno Robert, que aos poucos havia adquirido o caráter de um fanatismo quase doentio. (Schnitzler, 2008 [1928], p.221)

Mais uma vez Therese é demitida. Aconselhada por uma antiga amiga, aluga um apartamento mobiliado e decide dar aulas particulares e cuidar do próprio filho. Porém, como tudo em sua vida, já era tarde demais: o garoto não lhe pertencia mais, tornara-se arredio e com maus hábitos, inclusive o de furtar.

Pouco antes disso, ela tivera um caso com Richard, também sem futuro, mas agradável, único personagem masculino do romance que demonstra complexidade. Durante o passeio com Therese, e depois dela ter se entregado a ele no primeiro encontro, ela percebera que talvez aquele fosse o único homem que a compreenderia. Nesse momento, ele diz a Sylvie, amiga de Therese, que tudo era triste e belo mais do que qualquer coisa; e justamente por isso o amor era a coisa mais triste do mundo. Therese sentiu profundamente a verdade de suas palavras e, tempos depois, quando ainda aguardava notícias dele, soube que havia se suicidado.

Na mesma época, Therese soubera que Alfred havia se casado, o que não lhe afetou em nada. O casamento era muito mais

120 JOSÉ ARTUR MOLINA

um arranjo, e isso havia ficado claro para ela desde o princípio. Manteve amizade com ele, que, por sinal, insistia no fato dela se afastar do filho. Franz estava cada vez pior, passava noites fora, roubava dinheiro da mãe e chegara a ameaçá-la ao levantar-lhe a mão certa vez.

Therese sobrevivia com suas aulas e sempre conseguia manter o filho afastado das alunas. Nessa época, ela havia criado uma afeição especial por uma aluna chamada Thilda. Conhecera o pai da garota e passara a frequentar sua casa de vez em quando, em almoços e jantares. O pai de Thilda era separado da primeira esposa e mostrava-se atencioso com Therese, levando-a ao teatro e a passeios. Para ela tudo parecia bastante agradável, nada mais que isso; mas o fato de Thilda anunciar que iria se casar, atingira Therese em cheio, pois a moça iria para a Holanda após o casamento. A surpresa de Therese deu-se exatamente ao perceber que Thilda não amava o futuro marido, mas estava interessada em resolver sua vida e tornar-se esposa – coisa que Therese jamais havia conseguido, por falta de vontade, coragem ou inércia, não se sabe.

Após o casamento de Thilda, o pai assume compromisso com Therese e propõe-se a ajudá-la com Franz, que, a esta altura, já estava preso por furto. Por várias vezes havia tirado dinheiro da mãe e sumia e reaparecia conforme necessitava de dinheiro. Nessa época morre a mãe de Therese, o que também não lhe causa grandes emoções.

O romance torna-se, então, torturante: a única coisa que se pode desejar é que alguém a proteja e dê-lhe casa e comida, e este alguém parece ser o pai de Thilda. Todas as esperanças são jogadas nessa possibilidade, fato que acaba por não se concretizar, pois ele morre. No velório, no qual estavam os parentes do morto, Therese percebe que talvez aquele casamento jamais houvesse acontecido: a irmã do falecido, a quem ela conhecia, em momento algum se refere a ela como noiva do irmão, apenas ex-professora de Thilda. Talvez ela não fosse digna de entrar para a família, por sua condição social.

O QUE FREUD DIZIA SOBRE AS MULHERES **121**

Felizmente, o suposto noivo cuidou de deixar em testamento uma pequena quantia em dinheiro para Therese; nada que resolvesse sua vida, mas quem sabe lhe desse um pouco de paz... Paz? Imagine! Foi exatamente o motivo que trouxe Franz de volta e transformou-a em vítima do próprio filho, daquele ser que havia gerado (sem nenhum desejo ou entusiasmo, e que agora havia voltado para acabar com ela de uma vez). O rapaz agarrara-se ao pescoço da mãe, que é encontrada desacordada e socorrida por vizinhos.

A última pessoa com quem Therese conversara havia sido Alfred, essas tinham sido suas palavras:

> É que tu és médico, e em ti eles têm de acreditar. Ele é inocente. Ele apenas me fez pagar por aquilo que lhe fiz. Ele não deve ser punido com muita severidade. [...] Alfred sentia que a consciência de sua culpa naquela hora não a oprimia, mas sim a libertava, na medida em que o fim que ela havia sofrido ou haveria de sofrer não lhe parecia mais sem sentido. (Schnitzler, 2008 [1928], p.385)

É importante ressaltar que, apesar da falta de habilidade da personagem Therese em lidar com a própria vida e a complexidade da sua existência, a narrativa demonstra também a exuberância da força que ela tem para sobreviver, só se entregando quando já não suporta mais, ainda assim, por uma questão crucial: a culpa que sente por não ter amado o filho – ter parido sem ser mãe. Talvez sua determinação e busca frenética por um sentido à existência tenha lhe dado tal força e atitude que faltava ao personagem Else (diante da opressão, cometendo o suicídio); à Albertine (quando em nome de uma suposta sinceridade pactual com o marido, não se entrega às paixões); que pode ter sobrado à Marcolina (ao esbaldar-se de prazer, sem ter que admitir desejá-lo, e usar a quem achava que a seduzia); à senhora Beate (que vivia atormentada entre a virtude e a paixão), e que talvez também sobrara à doce Sabine, porém segura e calculista.

Arthur Schnitzler usa tais personagens femininas para mostrar a existência humana, não apenas para apresentar e descrever fatos; sua missão é mais árdua, pois ele pretende triturar, esmagar e deixar a cargo do leitor o difícil papel de tentar juntar tudo, algo talvez impossível de ser feito.

Assim, as mulheres de Schnitzler são complexas, silvestres, desejantes, ambivalentes, virtuosas e amorais. De suas tragédias adviria do fato delas ambicionarem a autonomia, não aceitarem a domesticação de seu desejo. Como não nos lembrarmos de Anna O., Dora, Elizabeth, Emmy, Katarina, Lucy...?

5
AS MULHERES DE GUSTAV KLIMT

Seria inadmissível circular pela Viena *fin de siècle* sem considerar a expressiva presença de Gustav Klimt (1862-1918). Sua trajetória artística é emblemática por traduzir o momento de ebulição pelo qual passava não só a cidade mais importante do Império Austro-Húngaro, como também todas as instituições imperiais, onde se flagrava, naquele momento, a transição da racionalidade clássica para uma rebelde aventura da criação livre.

Klimt recebe todas as honrarias do Império na aposta que este fez de que a cultura, e principalmente a arte, poderia ser um fator unificador de um "Estado" díspar. O próprio imperador Francisco José I visitava as exposições de Klimt, e sobre o artista pesava a responsabilidade de, ao lado de poucos, construir uma arte vienense própria do vale do Danúbio, pois Viena encontrava-se isolada do resto da Europa. Ali tudo acontecia tardiamente.

Império e cultura

O Império era formado por um conjunto de povos muito diferentes e que jamais chegou a constituir-se num estado nacional integrado e sólido, apesar dos esforços dos Habsburgos.

124 JOSÉ ARTUR MOLINA

Certamente a Áustria almejava hegemonia sobre as demais regiões e, por isso, deveria ser um lugar destacado, tanto na política como na economia e na cultura. Em 1900, o alto funcionário Dr. Ernest Von Koerber foi designado para montar o ministério imperial e definiu os dois pilares de sustentação do governo: "Batem aos portões do Império questões materiais e culturais" (Schorske, 1988); e assim, Klimt recebe várias encomendas de pinturas do Império para seus prédios públicos. O imperador mandou derrubar as muralhas ao redor da cidade, que dera lugar a Ringstrasse (um complexo de avenidas com casas comerciais e prédios públicos). Segundo Harvey (1993), a ideia de progresso acompanha o projeto iluminista.

O artista mantinha amizade com o ministro da Educação, von Hartel. Foi através dele que Klimt recebera a encomenda de *Os quadros da faculdade*. É no berço da racionalidade e no leito da ciência (os pilares do Iluminismo) que Gustav Klimt decide criar suas obras mais polêmicas; elas chocaram os racionalistas acadêmicos, pois eles se viram traídos em sua tarefa científica: seus saberes (a Filosofia, a Medicina e a Jurisprudência) foram representados por figuras nebulosas e ignóbeis, que pouco representavam num futuro de esperança e progresso. A rebeldia da estética klimtiana vai se concretizar justamente no templo do Iluminismo.

A arte de Klimt é expressão e consequência dos movimentos humanos; nesse sentido, estudar sua obra é ter possibilidade de realizar um voo panorâmico sobre condições sociais, culturais, econômicas e políticas da Viena daquele tempo. Parece surpreendente que dentro dessa lógica, Klimt tenha sido incumbido pelo *establishment* de produzir uma arte que aglutinasse um império formado não por afinidades culturais, mas por alianças políticas que preservassem territórios e justificassem dominações.

O paradoxo da situação de Viena daquela época é que os órgãos de Estado acreditavam que possuíam na arte um meio de comunicação que extravasava todas as oposições políticas. Cedo se constatou que se tratava de um erro. O ministro da Educação era, nomeadamente, da opinião de que a ideia do Estado e das nações podia ser ainda expressa de uma forma vigorosa na arte, fora de qualquer crise social e étnica. Com efeito, muitos artistas identificavam-se com ações patrióticas, culturais e artísticas e punham as suas ambições, que estavam no fundo orientadas para o futuro, ao serviço dessa ideia de Estado. (e, por vezes, também ao da monarquia). (Fliedl, 1992, p.10)

Klimt não se deixaria domesticar por intenções excusas de monarcas e ministros. Foi amado enquanto pintou o sonho iluminista e odiado quando passou a retratar o pesadelo do fim das certezas. Mas, para entender a trajetória de Klimt, devemos perscrutar sua formação.

A Escola de Artes Decorativas

Klimt ingressa na Escola de Artes Decorativas, ligada ao Museu Austríaco Imperial e Real de Arte e Indústria, quando tem apenas 14 anos. Essa escola reflete o apogeu econômico representado pela burguesia no auge do liberalismo político (perto do poder político e ávida de refinamento imperial, a burguesia tinha presença marcante na cultura local). O objetivo daquela escola era o de aprimoramento da arte (que deveria ser consumida tanto pela burguesia, na esfera privada, como pelo Estado, na esfera pública), buscando um aperfeiçoamento da estética.

A Escola de Artes Decorativas afirmava, então, uma posição historicista na qual se privilegiavam conceitos clássicos. O aluno deveria seguir padrões artísticos com base na tradição em vez de trilhar inclinações criativas. Não demoraria muito tempo para que tivesse início uma rebelião contra as amarras historicistas.

126 JOSÉ ARTUR MOLINA

Gustav Klimt fora o único grande artista da Escola e, com o "boom" de construções na Viena no final do século, ele pôde dar início a uma grande carreira formando, juntamente com seu irmão e com Franz Matsch, a Companhia dos Artistas. Os três conseguiram vários trabalhos importantes através da empresa Fellner und Hellmer.

O grupo tinha a intenção de continuar o trabalho historicista da Escola de Artes Decorativas, pois a fidelidade à tradição era o objetivo da companhia. O otimismo, a esperança de progresso, enfim, o triunfo da burguesia vienense havia contagiado Klimt e seus companheiros.

O seu "maior desejo" de serem contratados para grandes empreitadas da Ringstrasse foi realizado. De 1886 a 1888, a companhia trabalhou em quadros de teto das grandiosas escadarias do Teatro Imperial. Foi [ali] que Klimt criou os quadros *As carroças de Téspis*, *O Teatro do Globo em Londres*, *O Altar de Dionísio*, *O Teatro de Taormina* e *O Altar de Vênus*. A companhia colaborou posteriormente na decoração da caixa de escada do Museu da História da Arte da Corte, onde Klimt prestara já serviços em 1879, para os trabalhos de esgrafito do seu professor Laufberger. A decoração das imponentes escadarias do Museu da História da Arte, dedicada à casa imperial para glorificar o seu mecenato e servir igualmente para a autorrepresentação da burguesia [...]. A companhia dos artistas foi contratada para pintar os quadros dos cantos e dos intercolúnios (espaços de pintura entre as colunas), segundo um programa concebido pelo diretor da coleção das artes decorativas do museu, Albert Ilg. Deviam manter-se fiéis ao espírito do historismo em todos os detalhes e segundo os modelos históricos, para além de estudarem os objetos de exposição do museu. (Fliedl, 1992, p.36)

Klimt abraça o movimento triunfalista de glorificação do classicismo, dos pilares da tradição, tendo como consequência

O QUE FREUD DIZIA SOBRE AS MULHERES 127

a presença no progresso da cultura na qual "[...] se celebravam diferentes estádios importantes da evolução histórica" (Fliedl, 1992, p. 36).

> Historicamente Viena era uma cidade barroca; foram os majestosos palácios e igrejas barrocas que caracterizaram a cidade. Agora as construções modernas da Ringstrasse emprestavam a Viena um caráter ambíguo e um tanto contraditório: o de ser a um só tempo uma velha capital imperial e um centro de cultura moderna. Era como se a cidade não conseguisse decidir que caminho tomar: o do passado glorioso (que se distanciava) ou o de um futuro e moderno. (Bettelheim, 1991, p.7)

Cabe ressaltar que a Ringstrasse não poderia ser definida como moderna artisticamente, a não ser por seu caráter eclético enquanto estilo; mas, ainda assim, era um projeto moderno do ponto de vista urbano.

Tanto Klimt quanto Freud parecem viver essa dicotomia definida por Bettelheim – entre o passado e o futuro, entre o clássico e o moderno –, e Klimt terá mais facilidade no mundo da arte do que o psicanalista tivera no mundo da ciência.

O Império precisava de uma arte tradicionalista que lhe permitisse se espelhar nela, a fim de afirmar as bases sólidas de sua constituição, pois dessa forma poderia dirimir dúvidas quanto a sua coesão e mascarar sua fragilidade.

Enquanto isso, a burguesia, em festa, celebrava sua condição atual de "novos ricos e, ainda, de bom gosto", consumindo cultura. Autointitulando-se herdeiros do teatro antigo, a burguesia lança-se em seu projeto de executar ações culturais de uma época passada. Klimt identifica-se com ela, tanto que chega a atender a uma "encomenda" do público nos trabalhos do Teatro Imperial, tudo feito à imagem, semelhança e "segundo o espírito e a vontade formal da burguesia do século XIX" (Fliedl, 1992, p.37).

128 JOSÉ ARTUR MOLINA

O quadro *O salão dos espectadores*, de 1888, fora encomendado a Klimt e Matsch pela Câmara Municipal em 1887, e retrata o interior do Teatro Imperial:

> [...] mostra com precisão quase fotográfica não a cena, mas a sociedade vienense, não se trata apenas de um testemunho da identificação de Klimt com a cultura liberal burguesa, como justificava também a sua fama – com a atribuição do prêmio imperial. É verdade que o quadro fazia concorrência à fotografia mais adequada para os estudos de retrato, mas na qualidade de pintura, tem acesso a um nível mais elevado – diz-se que Klimt fez várias réplicas para as personalidades aí representadas. No retrato coletivo de Klimt, o público encena o seu próprio papel sócio-histórico, representando-se ele próprio. Não é realmente um espectador, mas alguém que está a assistir a um espetáculo, tornando-se o sujeito da história que ali se desenrola teatralmente. (Fliedl, 1992, p.37)

Com esse quadro Klimt é ovacionado pela elite representada, e passa a gozar de enorme prestígio ganhando o prêmio Cruz de Mérito de Ouro pelos trabalhos nas escadarias do Teatro Imperial (prestígio e dinheiro fora o que Klimt recebera pela submissão ao ordenamento artístico da Escola das Artes Decorativas).

O espírito inovador do gênio vienense começa, contudo, a entrar em convulsão. O conflito é oriundo da cisão entre o que demandava o coletivo social e seu impulso criador, que não se deixaria domesticar. De uma expressão harmônica sob a sombra da tradição iluminista para uma explosão caótica em rebeldia com a racionalidade (da luz para as trevas!), Klimt começa uma nova fase de sua vida artística, pagando muito caro pela renúncia ao amor e admiração burgueses. Indignada, a sociedade vienense iria a campo em busca de vingança, movida pelo ódio da traição, afinal de contas "o seu pintor oficial" não queria mais ser instrumento de seu narcisismo.

O QUE FREUD DIZIA SOBRE AS MULHERES 129

Klimt negava-se a pintar um mundo harmônico e bem-sucedido para acalmar os céticos do regime e alimentar a vaidade burguesa; ele não queria mais ser um mercador da arte, queria liberdade para produzir seguindo um impulso destituído de amarras. O pintor vienense não estava rompendo com a tradição por uma questão ideológica, mas por um impulso criador de outra envergadura: a liberdade de pintar o que se respira no ar, talvez anunciando o que estava por vir na trágica trajetória da sociedade vienense no início do século XX, com o apagar da Era das Luzes.

O amor, de 1895, é um quadro que começa a marcar essa fronteira. Ao mesmo tempo em que retrata o idílio amoroso de forma bela e lírica, também está expressa em sua parte superior esquerda o feio e a morte. Não deixa de impressionar uma bela luminosidade sobre o rosto feminino, enquanto o masculino é cinzento. Prenúncio da escolha do feminino como categoria não só subversiva ou rebelde, mas singular, como expressão do belo, necessariamente imune à hipocrisia vigente.

A juventude, a velhice e as forças hostis representadas no feminino, características das suas principais obras tardias, remetem para as múltiplas ameaças da vida e felicidade humanas, para além da sua decadência com o tempo. (Fliedl, 1992, p.40)

E esses antagonismos marcarão a cisão de Klimt com o otimismo da Escola de Artes Decorativas.

Em *A escultura*, de 1896, Klimt pinta uma metamorfose feminina que parte do olhar morto da escultura clássica para uma bela mulher, com o pecado na mão (a maçã) seduzindo o espectador. A cabeça feminina na parte inferior do quadro é laureada, sob o olhar de obscuras figuras na parte superior. Klimt começa não só a definir um motivo para sua pintura, mas a decidir que a alma de seu trabalho encarna o feminino.

130 JOSÉ ARTUR MOLINA

O industrial Nikolaus Dumba deixa a cargo de Klimt as pinturas do salão de música de seu palácio em 1898-1899. *A música II*, de 1898, retrata mais uma vez a transição de uma pintura histórico-acadêmica para a secessionista. À direita do quadro, encontramos a opaca reprodução clássica (mitológica) de uma cabeça humana (feminina?) com corpo de animal; à esquerda, a figura feminina abraçando um instrumento musical com pouco compromisso com contornos formais.

Aqui o artista renunciou à reconstrução arqueológica visada pelo historismo que pretendia assegurar a autenticidade, verdade e legitimidade da tradição e experiência históricas, para além do seu valor como modelo para o presente. (Fliedl, 1992, p.47)

Em *Shubert ao piano*, de 1899, Klimt reproduz trajes contemporâneos com luminosidade impressionista. A luz emana da mulher e expande-se para o rosto do pianista, recorrências que acompanharão a obra de Klimt para sempre. Mas com o que se estava rompendo afinal? Com uma forma de representar o tempo:

O historismo do século XIX baseia-se numa representação do tempo que interpreta a história como um processo irreversível que se desenvolve de forma lógica para o futuro. Cada "elemento" dessa continuação temporal, cada época da história da arte e da cultura possui o seu "local" que não pode ser deslocado. Ela não regressará e nada a fará reaparecer. Quando se refere ao passado, por exemplo, à cultura do liberalismo vienense dos anos 1870 e 1880, ao Renascimento italiano, a época artística a que se refere é considerada como uma época irreversivelmente encerrada. As suas prestações artísticas, os seus ideais e as suas normas podem ser acessíveis ao presente graças aos esforços das instituições, aos institutos de cultura. É ainda no quadro desta convicção fundamental histórica que, nas obras de Klimt, se

O QUE FREUD DIZIA SOBRE AS MULHERES **131**

forma o distanciamento em relação aos ideais de forma e fundo do historismo. Klimt estabeleceu uma outra representação do tempo, uma outra relação entre o passado e o presente. (Fliedl, 1992, p.48)

O ideal de cultura que repousa no passado é esquecido completamente em *Palas Ateneia*, de 1898, que é alocado à entrada do Parlamento, e *Judith I*, de 1901, na Galeria de Viena. Ambos trazem a sedução e o poder femininos encarnados nas senhoras de Viena. A beleza e a força são locais e reais.

[...] a sensualidade da mulher fatal confere uma nova vida a um ideal – a sabedoria idolatrada – que já não tinha conteúdo. O nu feminino de caráter erótico e sexual, não dentro da assepsia clássica, começa a predominar na obra de Klimt. A mulher nua sairá do mar ou da sua cama; chamar-se-á Vênus ou Nini, não inventaremos coisa melhor. (Néret, 2006, p.15)

É através dessas imagens femininas que Klimt começa a sua revolta político-artística contra o liberalismo austro-húngaro, e participa da fundação do movimento secessionista. O curioso nome diz respeito, talvez por ironia, à Roma Antiga: quando uma tensão provocada pelas oposições políticas e econômicas era repudiada pelo povo, este partia para o monte sagrado (Aventino ou Janículo) ameaçando fundar uma nova Roma, caso suas reivindicações não fossem atendidas – *secessio plebis* – uma certa lógica que se refere a criar algo novo como alternativa ao constituído.

Nós queremos declarar guerra à rotina estéril, ao bizantismo rígido, a todas as formas de mau gosto... Nossa Secessão não é um combate de artistas modernos contra os antigos, mas um combate em favor da promoção de artistas contra propagandistas que se fazem passar por artistas e que tem interesse comer-

132 JOSÉ ARTUR MOLINA

cial, no qual a arte não se pode manifestar. Esta declaração de Hermann Bahr, o pai espiritual dos secessionistas, assinala a fundação da Secessão vienense de que Klimt tomou a liderança e da qual foi o presidente. (Néret, 2006, p.17)

Considerada modernista, a arte de Klimt convoca outros artistas num novo cenário artístico em Viena – uma arte com espírito de uma juventude em rebelião contra o Pai. A verdade é que em toda a Europa o modernismo secessionista estava em prática, mas em Viena ele tinha a característica de não ser um movimento contra a tradição, simplesmente porque ela não existia no vale do Danúbio: foi denominada "a arte da natureza" em oposição à arte "histórico-racional". O secessionismo era a afirmação do abandono da imitação histórica e fiel, e uma cisão acontecerá oficialmente: a Companhia das Artes rompe formalmente com a Escola através de uma carta que reproduzimos a seguir:

Como já deve ser do conhecimento da comissão diretiva, um grupo de artistas das artes decorativas esforça-se desde há anos por impor as suas concepções sobre a arte no seio da cooperativa. Estas concepções culminam no reconhecimento da necessidade de unir mais fortemente a vida artística de Viena com o desenvolvimento progressivo da arte dos países estrangeiros e conferir à atividade expositora um caráter puramente artístico, livre de fins comerciais, e despertar deste modo as concepções modernas de arte ressonantes nos círculos maiores e, em última instância, provocar a adoção pelos círculos oficiais de uma política de arte mais aberta. Segundo as experiências deste grupo de artistas, os seus longos e concretos esforços não encontram nem a verdadeira concepção, nem a verdadeira compreensão no seio da cooperativa. [...] a concentração de artistas austríacos unidos pelo mesmo espírito irá esforçar-se, em primeiro lugar, por fomentar a atividade artística, o interesse pela arte na nossa cidade e, depois, de a

O QUE FREUD DIZIA SOBRE AS MULHERES **133**

ter conseguido numa base austríaca mais larga, em toda a monarquia. (Nebehay, 1969 apud Fliedl, 1992, p.62)

Cansados de serem decoradores da burguesia e legitimadores do Império, os artistas secessionistas vão criar uma arte que será espelho da sociedade e não um retrato maquiado dela. Em a *Nuda Veritas*, de 1899, Klimt inicia sua rebelião, traduzindo-a na forma feminina em toda a sua dimensão sedutora e, principalmente, erótica (observem a serpente). A figura feminina sempre foi representada na arte clássica mascarada em deusas assexuadas; Klimt expõe o feminino que parece ser feito de carne, vísceras e líquidos no imaginário do espectador, que não mais o harmonizará, mas, pelo contrário, o provocará. A nova ordem artística está em mostrar não só aquilo que se queria ver – a beleza e a harmonia –, mas a fealdade e a agressividade, distanciando-se dos ideais iluministas.

Os quadros da faculdade

Foi com *Os quadros da faculdade* (1907) que Klimt, definitivamente, provocou de forma irreversível os mandatários do Império e os condutores da nave iluminista, ou seja, a universidade, cerne da razão. Para o ministro da Educação, os quadros, que deveriam ser colocados no salão nobre do novo prédio da universidade, deveriam ser coerentes com o espírito da época: a vitória apoteótica da luz sobre o obscuro.

Os temas eram A Filosofia, A Medicina e A Jurisprudência; razão, corpo e lei seriam os pilares de uma sociedade triunfante, representados pela universidade.

Em *A filosofia*, de 1907, Klimt pinta a dor e o sofrimento, corpos que, numa descendente, nunca se encontram e terminam na morte. A humanidade não seria salva pelo pensamento, contradizendo o ideal acadêmico, e a natureza não seria dominada pela razão:

134 JOSÉ ARTUR MOLINA

[...] uma Natureza que por seu lado não possui qualquer história, mas que conhece apenas um movimento circular intemporal que gira sobre si mesmo. Este ciclo da Natureza suscita ambientes, emoções e sentimentos, mas nenhuma representação de um domínio racional da Natureza, da subjugação da Natureza pelo Homem. E é justamente sobre esta dinâmica da subjugação da Natureza, dinâmica reforçada pela técnica e desencadeada pelo capitalismo, que o otimismo progressista da burguesia se baseia. (Flield, 1992, p.79)

Chama a atenção o rosto semi-encoberto de uma mulher na base do quadro. Misterioso, com olhar perdido (cega?), talvez vida e morte: o feminino de Klimt, sem ambição de encarnar o saber.

A arte amparada nos padrões clássicos realizada pelos historicistas de Viena é uma arte ancorada nos valores iluministas; simbólica, espiritual era, enfim, uma arte de "bom gosto".

Klimt vai usar elementos clássicos, extraídos da mitologia, para fazer torções cujo produto final acaba sendo bem diferente do que se poderia esperar. Como que anunciando novos tempos, sua obra é pulsional, sem compromissos a não ser com um destino criativo. Aquilo que fora reprimido na arte clássica, Klimt desvela, mas não sem titubeios, pois o pintor caminhava entre dois lugares tradicionais – a carne e o espírito –, o metafísico ou o físico, a arte superior da alma ou uma criação telúrica, de pele e fluidos viscerais.

Para Schorske (1988), Klimt tinha uma visão do mundo schopenhaueriana: "o Mundo como Vontade, energia cega numa ronda interminável em torno de nascimento, amor e morte sem sentido" (Schorske, 1988, p.220).

Quando o grupo de professores da Universidade de Viena viu o quadro *A filosofia*, não entendeu que nele estivesse uma expressão do nobre filósofo. Não compreendiam como figuras nebulosas, sombrias e fantásticas poderiam representar uma elite pensante, cuja filosofia estava amparada nas ciências exatas.

O reitor da universidade, o teólogo Wilhelm von Neuman, parece ter sido o mentor do movimento docente anti-Klimt, embora seja o filósofo Friedrich Jodl o principal articulador do grupo (alegava-se que Klimt não entendia nada de filosofia). Jodl era considerado um homem avançado, formando um grupo de Ética na universidade. Adepto das liberdades individuais e a favor da emancipação da mulher, ele era um empirista da tradição anglo--saxã.

Para Jodl uma obra de arte teria que ser fruto de uma elaboração científica. O professor alega que o problema da obra de Klimt não eram os nus ou qualquer outro elemento de suas criações, mas simplesmente porque se tratava de uma arte feia: estava armada a contenda. Os amigos do grupo da secessão, por sua vez, alegavam que os filósofos não entendiam nada de estética. Toda a briga fora publicada no *Neue Freie Presse*. Deste grupo, Franz Wickhoff era o expoente, e ele solicita que o Ministério da Cultura (que na época era encarregado da política religiosa, educacional e cultural) reconsiderasse a decisão com uma pergunta: o que é feio?

Para Schorske (1988), o embate se deu entre a Velha Ética e a Nova Estética. Wickhoff defendia que a arte é uma atividade plural sendo multifacetada, assim como o é o espírito humano. Não seria por isso que Klimt encontrava no feminino seu mundo artístico?

Jodl, contudo, venceu, e Klimt recolhera-se em seu ateliê. Ele havia sido nomeado professor na Academia de Belas Artes, mas não tomara posse; Jodl, em contrapartida, assumira uma nova cátedra de Estética na Universidade Técnica de Viena.

Em *A medicina*, de 1907, Klimt não atende aos anseios corporativos dos médicos, mostrando corpos convulsivos, entre o tornar-se e o morrer: "[...] nada [ali] indica a medicina como a arte curadora e a ciência que reconcilia o contraste entre a vida e a morte" (Flield, 1992, p.81). A intenção do quadro, para os que o encomendaram, era mostrar a capacidade iluminista de curar, mas Klimt empenhou-se em retratar justamente o contrário: a

136 JOSÉ ARTUR MOLINA

doença, o declínio, a pobreza. Segundo Néret (2006), as leituras de Shopenhauer e Nietzche feitas pelo pintor foram decisivas para essa posição:

> A vida e a sua manifestação erótica resumem-se sempre a uma luta entre Eros e Tánatos, e Klimt supervalorizava este conceito. Com *A medicina*, reincide no escândalo e na provocação. Esse rio da vida que arrasta os corpos trazidos pelo destino, onde todas as etapas da existência estão misturadas, desde o nascimento até a morte, e que vemos atormentado pelo êxtase ou pela dor, é uma visão considerada como degradante, dado que põe em evidência a impotência da medicina face às forças indomáveis do destino, em vez de lhe exaltar os méritos. [...] Esses cachos de corpos deslumbrantes de jovens raparigas, misturados com os esqueletos, não são ilustração da parábola nietzcheana de *O eterno retorno*, segundo o qual a morte é o sustentáculo da vida? (Néret, 2006, p.26)

A prevenção e a cura não foram os motivos da obra, mas a vida e a morte; por um lado, ali estava a liberação erótica e, por outro, a impotência masculina. Schorske (1988) assim anuncia a "hecatombe": "Com *A medicina*, o trovão que rugia com a 'Filosofia' estourou numa tempestade violenta, com consequências cruciais para a autoconsciência de Klimt, como homem e artista" (1988, p.233).

O quadro *A jurisprudência*, de 1907, foi objeto de um esboço inicial para apreciação da comissão ministerial. Nesse projeto, de 1898, Klimt apresenta uma justiça triunfante nas mãos de uma mulher de espada em punho, ordenando o que lhe é de direito. O quadro é leve, brilhante, muito diferente dos outros dois da trilogia. Mas, curiosamente, Klimt muda completamente sua visão já em 1907: naquele momento, a lei foi representada por juízes "com seus rostos secos e miúdos, cabeças sem corpo" (Schorske, 1988). A lei não era uma realidade para o povo, mas um ordena-

O QUE FREUD DIZIA SOBRE AS MULHERES **137**

mento para servir aos poderosos, deixando os destituídos num mundo de horror e miséria. *A jurisprudência* (1907) representa a derrota da razão e a cultura. Um homem é devorado por um polvo sob o olhar das três figuras: a Verdade, a Justiça e a Lei, que não o salvarão, aliás, do infortúnio. Nessa obra, as forças vingadoras da execução prevalecem sobre a justiça. O quadro que representa a lei é, na verdade, uma ode "a desordem moderna".

Em *A jurisprudência* é manifestamente a sexualidade que é tratada, desta vez à maneira de Freud e segundo as investigações do professor vienense sobre inconsciente. Klimt, ó sacrílego, ousa representar a sexualidade como uma força libertadora por oposição à ciência acorrentada ao seu determinismo. Porém, tinha sido uma celebração às ciências que lhe haviam encomendado! Klimt parece pôr em prática a citação de Virgílio que Freud coloca em epígrafe na Interpretação dos Sonhos: "Se não posso acalmar os todo-poderosos, revolverei os infernos". (Néret, 2006, p.26)

Os quadros da faculdade (1907) foram um desastre para o prestígio de Klimt junto à sociedade: com eles, o pintor desagradara a todos. A Companhia das Artes imaginava que as forças contrárias eram ignorantes para avaliar essa nova produção, e aguardavam um pronunciamento estatal que os salvasse do ostracismo. Ele não viera, e o Estado ainda foi acusado de fomentar uma arte que não retratava a vitória da luz. O Ministro da Educação, van Harten, foi pressionado até ser obrigado a ceder. Os professores não gostaram do que viram e Klimt, definitivamente, viu seu plano de ingressar como docente na universidade esvair-se. Foram feitos abaixo-assinados, tentou-se proibir as exposições dos esboços das obras; Klimt devolveu o dinheiro pago pelo Ministério, como adiantamento, e as obras nunca viram o teto do salão nobre da Universidade de Viena. Os quadros viraram cinzas, em 1945,

138　JOSÉ ARTUR MOLINA

dentro do Castelo Immendorf por responsabilidade das tropas nazistas em retirada. Eles também não haviam gostado.

A ideia de que A Cooperativa dos Artistas seria a alavanca cultural do Império naufraga. Se Klimt perde o apadrinhamento do Estado, ganha, em troca, a liberdade.

> Chega de censura! [...]. Quero regressar à liberdade, virando as costas a todas estas coisas ridículas e desagradáveis que impedem meu trabalho. Recuso qualquer ajuda do Estado, renuncio a tudo [...]. (Fritz Novotny; Johannes Dobai, 1967 apud Fliedl, 1992, p.88)

A Casa da Secessão será o palco desse grupo de artistas envolvidos com uma arte que se afasta das demandas cotidianas para se aliar a uma produção que surpreende o espectador. Tratava-se de uma casa de espaços removíveis, isto é, com paredes móveis, para que ela pudesse adaptar-se a exposições não mais permanentes. A ideia era fazer trabalhos que tivessem existência efêmera, com materiais de baixo custo e que a próxima exposição "engolisse" a precedente. Estava incluída na proposta secessionista a libertação do espectador das amarras da vulgaridade e de padrões estéticos seguros, típicos da arte histórica. Para Hermann Bahr, o visitante teria que "purificar-se aí do cotidiano e harmonizar-se com a eternidade" (Olbrich, 1981 apud Fliedl, 1992, 102). Uma arte que não se ampara no tempo passado e nem no presente e, por consequência, despida de futuro – uma arte fora do tempo, mas dentro da vida. Começava em Viena o primeiro movimento de arte abstrata em exposições que seriam habituais no século seguinte.

O crítico Rudolf Lothar, em 1898, sintetiza assim as pretensões da arte secessionista:

> Aqui criou-se um local onde, conversando, podemos distanciar-nos do cotidiano, que ressoa e passa lá fora, para falar sobre

a arte e quadros. A nova arte exige espectadores que não sejam mudos. Reclama a expressão, o discurso e a crítica. É a partir das diferenças de opiniões que ela criou esses movimentos [...]. E se fugimos da vida que está lá fora, deixando-nos convidar-nos pela arte, eis como nos aproximamos verdadeiramente dela. Mas se tomarmos outros caminhos... A maior missão da arte não é a de ser um prazer, mais a de ensinar a termos este prazer. É neste sentido que a arte é um magnífico educador do homem. (Lothar, 1976 apud Fliedl, 1992, p.103)

O friso de Beethoven

A Casa da Secessão é inaugurada em 1902, com uma exposição em homenagem ao grande mestre alemão Beethoven. O salão principal conta com uma monumental estátua do músico, em mármore policromo, feita por Max Klinger.

Klimt participou com a obra *O friso de Beethoven* (1902), considerada uma das obras monumentais da arte austríaca e europeia. Não por ironia, mas por intenção de destruí-la ao final da exposição, a obra foi feita com materiais baratos, o que resultou depois num enorme trabalho para os restauradores (foram dezesseis anos de intenso trabalho), tendo sido novamente exposta ao público apenas em 1986.

A inauguração foi realizada com grande pompa, não só pelas obras de diversos artistas, mas pela presença de Gustav Mahler, então regente da Ópera de Viena, interpretando o 4º Movimento da 9ª Sinfonia de Beethoven.

Klimt inspirou-se, justamente, na ode à Alegria da citada sinfonia que, por sua vez, originou-se de uma homenagem de Beethoven ao poeta Schiller.

A obra de Klimt é composta, assim como a peça musical de Beethoven, em três tempos: (1) A Aspiração à Felicidade que se

140 JOSÉ ARTUR MOLINA

defronta com (2) As Forças Inimigas e, por último, (3) Hino à Alegria. O catálogo da exposição assim descreve a obra:

> As três paredes pintadas formam um todo. Na primeira grande parede, de frente à entrada: a aspiração à felicidade – os padecimentos da humanidade na sua fraqueza, oração que ela dirige ao homem forte, bem dotado pela natureza, para incitá-lo, sob o efeito da piedade e da ambição, a se empenhar na luta pela felicidade. Na parede pequena: as forças hostis – o monstro gigante Tifeu, que os próprios deuses combateram em vão, as suas filhas, as três Górgonas, simbolizando a luxúria e o impudor, a desmesura e a mágoa ardente. As vontades e os anseios humanos sobrevoam-nas. Na segunda parede grande: a sede de felicidade encontra o seu apaziguamento na poesia. As artes transportam-nos para um reino ideal, o único onde nós podemos encontrar a alegria, a felicidade e o amor no seu estado puro. Coro dos anjos do paraíso: Alegria, nobre centelha divina. Este beijo ao mundo inteiro. (Néret, 2006, p.40)

Estes últimos versos são do poeta Schiller, extraídos de seu "Hino à Alegria".

Pelo que se vê no catálogo, Klimt não pode adotar o otimismo nem do poeta e tampouco do músico. Para eles a luta da humanidade contra as forças do mal sairiam vitoriosas por intervenção de um herói; Klimt subverte essa lógica triunfal e retrata um herói do sofrimento. As figuras femininas são ameaçadoras, são figuras do excesso. O pintor parece vislumbrar um momento de ocaso fálico: a crise do eu masculino (Schorske, 1988), o fim dos impérios, das figuras paternas – nem castradores, nem salvadores (a menos que sejam de si próprios).

"O friso de Beethoven [...] a manifestação da sexualidade – e o voyeurismo fundamental – que abunda e sustém as bases do

O QUE FREUD DIZIA SOBRE AS MULHERES 141

fresco, tal como ela é tratada, não chega a ser uma libertação" (Néret, 2006, p.40), mas, pelo contrário, exalta uma escravidão das hegemonias fálicas sob o domínio das mulheres castradoras e luxuriosas que se bastam.

Néret (2006) ressalta que Klimt recheia o fundo da obra com falos, espermatozoides, óvulos e vulvas. O destemido pintor vienense terá de suportar uma violenta reação da sociedade vienense, pois suas personagens foram consideradas "repugnantes e indecentes" (Néret, 2006, p.40). Félix Salten, contemporâneo de Klimt, comenta:

> De repente, uma exclamação ecoou no centro da sala: "Hediondo!". Um aristocrata, conservador e colecionador, que a Secessão tinha, dessa vez, deixado entrar com outros amigos próximos, tinha perdido a cabeça perante os frescos de Klimt. E gritava essa palavra com uma voz estridente e aguda [...]. Lançando-a contra as paredes como uma pedra. "Hediondo!". (Morais, 2005, p.20)

Não é preciso dizer que a Exposição de 1902, venerada por Rodin, foi um enorme fracasso financeiro, anunciando o desmantelamento do grupo da Secessão.

O movimento secessionista rebela-se contra a arte imposta pela Escola de Artes Decorativas que, segundo os rebeldes, apenas fazia cópias de modelos clássicos. Ao mesmo tempo, porém, a nova arte não abandona seu afã por educar: "aristocratizar" o povo era a palavra de ordem, dado tratar-se de ensiná-lo a apreciar um novo modelo estético.

O movimento continuava com apoio da sociedade, afinal, como um grupo de artistas poderia levantar um edifício para ser sua sede? Klimt tinha uma posição financeira confortável: segundo Bertin (1990) havia várias mulheres ricas da sociedade vienense que foram mecenas do artista (lembrem-se dos retratos das senhoras de Viena). Além disso, a Secessão teve grande

142 JOSÉ ARTUR MOLINA

êxito nas duas exposições de 1898, arrecadando dinheiro suficiente para levantar um edifício espetacular para as exposições. Em seu pórtico, o lema do movimento: "Para cada idade a sua arte, para a arte, a liberdade". Naturalmente, não interessava aos secessionistas perder um apoio dessa magnitude. Por parte do Império, os artistas poderiam fazer aquilo que lhes desse vontade, desde que não criassem problemas com os segmentos importantes da vida imperial. Klimt, mais por uma força criativa impetuosa do que por uma vontade deliberada, não obedeceu. *Os quadros da faculdade* e *O friso de Beethoven* chocaram setores importantes da sociedade, como a academia e a burguesia. A aliança secessionista com o Império desmoronou e, com ela, a unidade dos artistas.

A ruptura da Secessão se dá em 1908. Dela surgem dois grupos: os estilistas e os realistas. Klimt está entre os realistas. A partir desse momento o pintor do feminino dará voos absolutamente independentes.

O feminino

Qual era a representação do feminino em Klimt? A resposta não é tão simples quanto a pergunta. Em primeiro lugar porque não existe uma síntese do feminino com apenas um formato, mas um feminino multifacetado. Para respondê-la estamos fazendo um percurso por suas obras a fim de extrair algum entendimento sobre o assunto. Para Fliedl (1992) em *O friso de Beethoven* Klimt anuncia a crise de um modelo liberal e masculino:

> As forças inimigas a que se deve resistir são todas do sexo feminino – salvo o monstro Tufão, que aparece bem menos ameaçador. As mulheres são representadas feias, repugnantes e agressivas e tem um efeito ameaçador através de sua sexualidade. Elas alegorizam a natureza instintiva, incontrolada e

O QUE FREUD DIZIA SOBRE AS MULHERES 143

selvagem da mulher como sendo a verdadeira "força inimiga". Enviado pelas mulheres puras e virtuosas, o herói armado e couraçado está mais preocupado com a sua salvação do que com a humanidade. Ele aproxima-se da humanidade ao afastar-se da natureza instintiva feminina e ao controlar a sua própria natureza, projetando as faces ameaçadoras e agressivas sobre a mulher e acusando-a, uma vez que o aspecto ameaçador do feminino, apresentado nos mais diferentes jogos, brota das fantasias do medo masculino. (Fliedl, 1992, p.106-7)

Klimt revela em sua obra duas facetas do feminino: a mulher virtuosa, por um lado, "e imagens femininas como seres míticos, bruxas, seres aquáticos e animais de contos de fadas" (Fliedl, 1992, p.107) por outro. Assim, na Viena *fin de siècle* o imaginário social produzia o feminino fragmentado em mulher e senhora/ prostituta e mãe.

O mundo de Klimt é, portanto, um mundo divorciado da esperança do amor: referindo-se a um pormenor do quadro (o abraço e o beijo de um homem com uma mulher) Werner Hofmann interpreta que foi difícil para Klimt harmonizar os anseios de felicidade de uma humanidade exultante (inspiração de Schiller) "com o seu tema base, com um erotismo que não se abre mas contra o qual se protege" (Hofmann, 1983 apud Fliedl, 1992, p.109). Chama a atenção que não são visíveis as suas cabeças nesse beijo: seria a morte da razão? Homem e mulher enclausuram-se numa bolha de onde jamais poderão sair. Para Hofmann, trata-se da morte do amor (Hofmann, 1983 apud Fliedl, 1992, p.109).

"A saudade da felicidade encontra a calma na poesia": este é o tema de um dos pormenores da obra (parede lateral esquerda). Se a harmonia exultante é impossível, apenas restaria à palavra que, em construção, revelaria o belo.

E o belo é realizado por Klimt em sua obra mais famosa, *O beijo*, de 1907-1908. Se no painel *O friso de Beethoven* as mulheres são ameaçadoras e até o beijo que lá se encontra anuncia a morte

144 JOSÉ ARTUR MOLINA

do amor posto ser um beijo narcísico (segundo Freud [1914] a clausura narcísica é mortífera), no "outro" parece acontecer um grande encontro em tons de dourado. A diferença sexual aparece na distinção dos ornamentos das roupas: em ambos encontramos figuras geométricas; nele predominam quadrados e retângulos e nela figuras circulares. Os dois parecem estar fundidos pelo tom dourado. "A aura do quadro e a sua beleza sedutora devem tanto ao seu preciosismo – ambíguo – como à representação do casal de amantes, encarnação de uma tranquila felicidade erótica" (Fliedl, 1992, p.115). Mas, se observarmos com atenção, vamos perceber que o encontro em *O beijo* não chega a ser espontâneo; pelo contrário, parece mais um ato de dominação masculina: a mulher encontra-se de joelhos, subjugada. Ela não lhe oferece os lábios, e sua mão direita crispada indica uma recusa. De olhos fechados, parece contar os segundos para que ele a deixe.

Em *O beijo*, o abraço aparece menos como uma união ou uma imagem que encarna o triunfo do Eros do que como uma regressão entorpecida a si mesmo – a imobilidade é também uma característica dessa representação do casal, Klimt raras vezes mostrou aspectos comunicativos do amor. Os seus casais raramente estão ligados por uma atividade gestual ou afetiva (a agressividade do combate dos sexos, que mais tarde se tornará um tema importante dos princípios do impressionismo austría-co, não foi, de modo algum, tido em conta). Ele mostra-nos essa atividade, com raras exceções, como um abraço quase petrifica-do ou, nas obras tardias, com uma falta de relação perdida nos sonhos. Foi aí que Klimt encontrou a possibilidade para redefi-nir a relação entre os sexos – e uma outra (nos desenhos) na re-dução à solidão da mulher que é eroticamente autossuficiente. (Fliedl, 1992, p.119)

Mais uma vez a morte do amor. Para Klimt, o realista da seces-são, a felicidade só é possível na poesia e não na realidade social.

O QUE FREUD DIZIA SOBRE AS MULHERES 145

Em *As três idades da vida*, de 1905, Klimt mostra-nos a vida como um ciclo: infância, maturidade e velhice. O curioso é que ele, de forma reticente, representa essa vida com a forma feminina, pois somente ela poderia representar a vida: na infância, as possibilidades múltiplas que se realizam no sonho; na maturidade a possibilidade de realizar alguns sonhos; e na velhice, a impossibilidade de sonhar.

No quadro *A esperança I*, de 1902, Klimt parece, contudo, mais ameno. Nele, ele representa uma mulher grávida e nua (mais uma vez o pintor austríaco iria fazer uso de sua ousadia, pois a gravidez era um tema muito pouco trabalhado, ainda mais uma grávida nua). A Viena do século XIX vê--se novamente achacada em seus valores morais; entretanto, a excessiva sensibilidade moral vienense interessa-nos menos do que aquilo que Klimt estava dizendo com aquela obra. Teria o artista tido a intenção de mostrar que a maternidade é apenas mais uma faceta do feminino – ao lado da prostituta, da senhora recatada e de tantos outros ângulos? E, mais além, a gravidez de *A esperança I* não omite elementos eróticos como os pelos pubianos, isto é, não é uma maternidade endeusada em santíssimas trindades. Klimt é porta-voz de um feminino que, na sua solução, inventa-se lésbica ou heterossexual, no autoerotismo ou na assexualidade e (como não?) na maternidade, mas senhora de seus desejos. Obviamente, tudo realizado com um enorme sofrimento do isolamento, que se transforma em sua força – um feminino que produz uma mulher que surpreende em sua inventividade. Essa afirmação pode parecer ufanista; mas, se pensarmos na subjugação do sintoma das histéricas de que Freud se ocupou, logo mudamos de ideia. E isso porque em síntese falamos da humanidade.

A "mulher fatal" é representada em *Judith I* (1901). O feminino aparece naquele quadro como se a figura feminina fosse uma deusa má. Ela carrega consigo a cabeça de um homem quase fora do quadro, na parte inferior esquerda. Trata-se de uma

146 JOSÉ ARTUR MOLINA

ironia à Judith "oficial" (ou seja, o bem), que não sente prazer algum em decapitar o general Holofornes, mas, para salvar a cidade, não titubeia em fazê-lo. Klimt quis expressar uma mulher castradora. Com Judith, a sociedade vienense, habituada às ousadias do pintor, perde definitivamente a paciência. Afinal, a virtude preservada no mito é transformada numa ação da desmedida: a piedosa judia revela-se uma mutante do excesso, e tabus religiosos são maculados:

> Em Klimt, o fato do tema da mulher fatal, apreciado no final do século, ser sentido como ameaçador, é também resultado das alterações do papel social da mulher naquela época. "A crise do Eu liberal masculino", de que se falou muito na política e na sociedade, não foi, de modo algum, apenas originada por alterações econômicas e políticas que punham em questão as definições dos papéis masculinos. Também era ameaçador o início do processo de emancipação da mulher na vida profissional e política e a consequente alteração obrigatória do papel dos sexos. (Fliedl, 1992, p.141)

Klimt não fazia de sua arte uma crítica social, ou seja, uma arte engajada, mas sua rebeldia estética, sua afirmação do feminino como essencialmente erótico, causou verdadeiros escândalos no seio da hipocrisia burguesa. Para Bertha Zukerkandl (contemporânea do pintor) Klimt, ao encarnar em sua obra esse feminino, cria a mulher vienense do tipo ideal: moderna, bela, adolescente: mulheres que surgiriam décadas depois como Greta Garbo ou Marlene Dietrich (Morais, 2005). O retrato de *A senhora de chapéu e boá de plumas* (1909) evoca a figura de Marilyn Monroe: sensual, olhos semifechados, cabelos claros e esvoaçantes, dona de uma beleza arrasadora.

Em *As serpentes de Água I*, de 1904-1907, Klimt constrói um feminino que abdica do encontro com um homem. Elas aparecem abraçadas em extrema tranquilidade, num ambiente

O QUE FREUD DIZIA SOBRE AS MULHERES 147

aquático. Em *Peixes dourados* (1901-1902), a mulher apresenta todo o seu fulgor erótico: ela se exibe com um sorriso estranho, sem ambição amorosa – como se estivesse fazendo do espectador um *voyeur*.

A arte nova é, de fato, apreciadora de mundos aquáticos atapetados de conchas, de algas castanhas ou douradas que crescem sobre os búzios venusinos, conchas bivalves que se abrem sobre as carnes delicadas que tingem o coral dos trópicos ou a cor púrpura de Sídon, tudo em linguagem codificada que nos transporta irresistivelmente para sua inspiradora: a mulher. Sonhos de água, nos quais as cabeleiras e os tufos da púbis se confundem com as algas. As mulheres peixe de Klimt manifestam a sua sensualidade úmida sem rodeios [...]. Lascivas e provocadoras, abandonam-se ao abraço do elemento aquático, como a Dánae se abrirá ao jorro de Zeus transformado em chuva de ouro. (Néret, 2006, p.26)

Ao contrário, em *Dánae*, de 1907-1908, a mulher está adormecida sem saber que está sendo admirada por quem olha. Klimt afasta-se do mito, cujo tema era a procriação; o seu corpo é sua única finalidade, ícone do narcisismo feminino, independente do espectador. Essa mulher, que está além do desejo de um homem, é o grande fantasma masculino; talvez aí esteja a ameaça que a ebulição vulcânica feminina no final do século causou num mundo antes habitado por homens.

A sensualidade, o erotismo, estão presentes em todos os lados, mas estas mulheres quase despidas, estas mulheres adormecidas, foram finalmente aceitas pela burguesia e aristocracia vienenses. Klimt forçava os preconceitos morais graças à riqueza e à decoração. O abraço e o corpo nu sobressaem de um fundo de ouro e azul-velho; as vestes das mulheres misturam-se com as flores coloridas da pradaria, a impressão de uma beleza fron-

148   JOSÉ ARTUR MOLINA

dosa, de uma riqueza ilimitada que caracteriza todos os quadros de Klimt, fazem esquecer a nudez que se transforma num elemento decorativo deste conjunto prestigioso. (Palmier, 1985 apud Fliedl, 1992, p.208)

Para Schorske (1988), Klimt inverte a simbólica clássica, na qual a razão e a civilização derrotariam a barbárie e o instinto. Ao contrário, "a lei não dominou a violência e a crueldade, mas apenas ocultou-as e legitimou-as" (Schorske, 1988, p.241).

As senhoras de Viena

Uma parte da obra de Klimt que chamou muito a atenção na época foram os retratos das senhoras e senhoritas da Viena *fin de siècle*. Não foram poucos os historiadores que tentaram visualizar nos retratos das mulheres indícios históricos que ajudassem numa leitura da burguesia local. Afinal, as mulheres ricas de Viena poderiam nos ensinar algo inovador sobre aquele tempo crucial da história. Os críticos de arte não pretendem dispensar atenção a isso, a menos que estejam em jogo as características da produção de um artista num determinado momento. Os quadros dessa série são curiosos porque as mulheres que antes apresentavam seus corpos eróticos agora exibem um corpo ornamental. Klimt pinta deusas terrestres, apesar de tristes, e mulheres vestidas com toda a exuberância que se poderia imaginar numa aristocracia. Fliedl (1992), aliás, também chama a atenção para a falta de fundo nos quadros: é como se elas fossem empurradas para o fundo do quadro e habitassem um ambiente cósmico, sem lugar definido. "Todas [elas] encontram-se fora da gravidade terrestre, independentemente da sua posição na vida real do dia a dia e do momento" (Fliedl, 1992, p.214). Prevalecem as faces com preciosidade e luxo nas adjacências, e personalidades doces, nobres, delicadas, suaves, românticas e poéticas são delas extraídas por Klimt.

O QUE FREUD DIZIA SOBRE AS MULHERES **149**

Elas são princesas de mundos melhores e mais ternos. O pintor adivinhou-o, não se deixou enganar, elevou-as com toda a sua justiça aos seus próprios ideais, cantando e ressoando nelas!... Estes são os instantes para o artista. É assim que ele observa uma mulher! Fixando os mistérios da existência, orgulhosa, invulnerável e, contudo, já tragicamente triste e retraída sobre si própria! Apenas a beleza das mãos, a beleza celeste triunfou na vida e nas múltiplas perfídias e envenenamentos. Estas mãos dizem: "Nós permanecemos assim até aos setenta anos e pela matrona ainda se poderá reconhecer que nascemos para o entusiasmo dos pintores e dos poetas!" Estes são os nossos únicos apogeus infalíveis. (Altenberg, 1909 apud Fliedl, 1992, p.214)

Klimt supera os valores reais do retrato para fazer deles figurações em que algo plástico possa ocupar o lugar. Sua técnica faz alongar os corpos e deixá-los num plano superior a ponto de o espectador ter a impressão de que elas olham de cima, com superioridade discreta. As senhoras e senhoritas de Klimt são seres sociais singulares, imaginárias e cotidianas, inseridas nas altas rodas da valsa vienense. Estilizadas, aparentemente assexuadas, com um erotismo latente, são rainhas e deusas aprisionadas em trajes nos quais deveriam exercer seu reinado imperial. Um império que está se desfazendo para o desespero do contingente masculino que luta para mantê-lo.

Os desenhos eróticos

São nos desenhos em que Klimt não deixa dúvidas sobre a faceta feminina sobre a qual tem obsessão: a erótica. São mulheres que se exibem de olhos fechados, eximindo-se do exterior, jogadas sobre si mesmas, autossuficientes. Pernas abertas, masturbações, abraços e carinhos homossexuais, além de encon-

150 JOSÉ ARTUR MOLINA

tros heterossexuais. O pintor não tem nenhuma intenção de arte engajada, educativa, racional ou acadêmica, até porque se ela obedecesse a esses critérios, não seria arte. Porém nós, acadêmicos ávidos por conclusões, afirmamos: é no campo do erótico de Klimt que o feminino se expressa com toda a sua virtude: a hibridez, a multiplicidade, o excesso, fora de um tempo, efêmero, fugaz, sem pudor, num mundo em que "tudo é permitido", sem restrições; o que não impede, todavia, que tudo seja feito com ousadia e criatividade e sem ambições maniqueístas.

Para ele, "o feminino" consistia na capacidade de prazer ilimitada, erótica e sexual – nada mais. Klimt tornou o sexual digno de representação, de uma forma nunca antes tentada até então, mas tentou ao mesmo tempo reduzir o ser da mulher apenas a tal. (Fliedl, 1992, p.191)

Nesse pioneirismo, Klimt despe o feminino e, como consequência, afirma a condição desejante dele para além de todas as tentativas de enquadramento social. Klimt chocou, mais uma vez, com suas "obscenidades", a sociedade de Viena. Mas ele foi mais perseguido por aspectos ideológicos (a morte da organização e da razão nos quadros da faculdade) do que por obsceno. Não era o obsceno que ameaçava, mas a expressão autônoma do desejo feminino.

[...] o efeito de um quadro como *A esperança I* baseava-se, entre outros fatores, num olhar calmo e diretamente dirigido do quadro para o espectador, tendo sido o olhar de Judith interpretado como provocador; em regra sente-se que esta possibilidade da comunicação direta entre a mulher retratada e o espectador falta nos desenhos. Este fato, por si só, confere às mulheres essa autonomia particular que dá a impressão de elas existirem apenas para si próprias e para suas sensações. É sobre estes princípios formais que repousa igualmente a impressão de que a "imagem

O QUE FREUD DIZIA SOBRE AS MULHERES **151**

da mulher" pode também ser constituída independentemente do espectador e que existe independentemente do seu olhar. (Fliedl, 1992 p.194)

Mas este autor defende que não é apenas isso; Klimt estaria pintando a "despersonalização erótica da mulher", e a distância e o isolamento expressos nos desenhos estaria a serviço do homem (artista e comum) no sentido de protegê-lo. Afinal "o homem nunca vive o desejo e a vontade – ele nunca perde o controle sobre si" (Fliedl, 1992, p.195). Isso parece mais uma defesa iluminista do homem da Viena daquele tempo do que uma avaliação sem preconceitos da singularidade feminina. O próprio autor cita Mattenklott (1984 apud Fliedl, 1992, p.199):

> Como esculturas clássicas olham para nós com olhos cegos, os gestos de paixão de Klimt são introvertidos, quase sempre reservados. Qual o sentido de seu segredo? Aqui (desenhos eróticos) os olhos das mulheres estão, na maioria das vezes, baixos ou fechados. A sua sexualidade deve ser vista; será que elas próprias deveriam saber dela? A sexualidade das mulheres é descoberta como se elas tivessem metade do corpo com meia consciência e a outra metade como corpo social. As mulheres de Klimt gesticulam como sonâmbulas ou mulheres sonhadoras. Este atordoamento dispõe-se como um véu de inibição sobre os seus movimentos.

O quadro *A esperança I* (1902) foi considerado obsceno; a ruiva "esperança", com seus ruivos pelos pubianos, associada à "sagrada" maternidade e, além disso, figuras macabras ao fundo do quadro incomodam, mais uma vez, a sociedade vienense. Como afirma Néret (2006), do lirismo e da pureza de Botticelli sobrou apenas a coroa de flores nos cabelos.

É absolutamente sintomático que o homem esteja praticamente ausente na obra de Klimt e, quando está presente, sua

152 JOSÉ ARTUR MOLINA

função é sempre coadjuvante: a mulher triunfante, sempre ela! Vejam, por exemplo, o quadro *Adão e Eva*, inacabado e feito entre 1917-1918; onde está Adão?

A inspiração klimtiana é dirigida ao feminino como forma única e desesperada de encontrar uma arte feita poesia para fazer frente aos tempos sombrios que se avizinhavam. O fim da Era das Luzes proclama a ousadia da liberdade. O amor, o sexo, a embriaguez, as desmedidas, os excessos, corpos em convulsão de êxtase... É como se na intensidade das sensações pudesse ser inventado um novo jeito de estar no mundo e, quem sabe, esquecer as suas agruras.

A catedral da razão abandona seus fiéis; é o fim das certezas. A nova ordem é viver uma vida terrena, de superfície, efêmera, sem cultos à morte com suas promessas de paraíso, sem esperanças de que com ela nos encontremos com cem virgens celestiais, pois as fórmulas conservadoras aprisionam o espírito humano e desfalecem corpos famintos, naufragam sem socorro. Klimt, tal qual Freud (1901), visualiza no feminino uma vocação para o sofrimento humano. O grito calado das histéricas é um exemplo disso: elas são vítimas da opressão, embora o criador da psicanálise titubeie entre a "Velha Ética e a Nova Estética". Na *Velha ética de Freud* (1932) o feminino foi construído como um conceito que se atrelava a uma lógica fálica, e o feminino seria um desdobramento do masculino. A tradição que faz domesticar a mulher; ao mesmo tempo, porém, Freud aprende com elas a escutar essa dor. Dessa forma, o método da psicanálise é inaugurado a partir da palavra. Já a arma de Klimt é o pincel a produzir a beleza em cada traço.

Os olhos de todos lhe são gratos pela expressão surpreendente e bela. A mulher, sempre ela: mãe, senhora, prostituta, lésbica, assexuada, má e generosa, autônoma e dependente, atenta e indiferente. Lábios que beijam e mãos que afastam. Qualquer que seja a sua vertente momentânea, ela sempre será honesta e verdadeira na afirmação de seu desejo. A queda dos impérios significa o fim de hipocrisias. Nesse cenário, embora com mortais marcas da dor das histéricas, sobrevive o feminino apontando um horizonte para a humanidade, anunciando os caminhos dos novos tempos que são híbridos como ele.

O feminino radical na sua eroticidade surge como possibilidade a um mundo em crise, impérios fálicos em desfalecimento. O feminino representa algo de intuitivo e perigoso para os que acreditavam em portos seguros. Klimt navega em mares, por vezes serenos, por vezes revoltos, com valentia e maestria – mares "nunca dantes navegados". Klimt é único, e sua singularidade está ancorada na exuberância do feminino, que possibilita condições de liberdade para o pintor.

Das múltiplas facetas da mulher, Klimt faz delas sua inspiração, fez delas sua vida. Delas fez sua arte.

6

AS MULHERES DE VIENA:
SINTOMA DE UMA ÉPOCA

Talvez a mulher na Viena imperial não tenha sido o personagem principal do alegre apocalipse da cidade, mas teve fundamental participação. Com seu sofrimento ajudou a criar condições de vida mais isonômicas no que diz respeito ao homem. Tratava-se de um sofrimento convertido em subversão. O Império teve que adaptar-se à nova realidade econômica do continente. Com isso a autoridade do imperador fragiliza-se, na medida em que ele fora obrigado a buscar recursos no exterior a fim de financiar e obter recursos para fornecer a infraestrutura necessária para o desenvolvimento do capital. O credor exige uma situação de normalidade constitucional – obviamente dentro do possível para aqueles tempos.

Viena, de vocação feudal, sofre uma revolução arquitetônica: perde suas muralhas e, no lugar, surge uma cidade moderna, aberta. As vielas do centro velho foram esquecidas e desvalorizadas por causa das grandes avenidas do novo centro. Tudo isso muito a contragosto dos militares, mas que, ao final, conformaram-se com um novo quartel. A Ringstrasse, por ser ampla, também agradara aos coronéis em função da facilidade para deslocamento de tropas em caso de emergência (no caso de uma invasão estrangeira).

A Ringstrasse recebe uma catedral, um teatro, um parlamento e uma universidade, todos construções monumentais. Não há como deixar de pensar num Império querendo agradar a todos, até mesmo aos clérigos, cuja alta cúpula era muito reticente a mudanças. A cultura era um ponto importante para unificar o Império. Os liberais, ou seja, a burguesia, tentaram seduzir a aristocracia financiando, em parte, vários projetos culturais. E, por último, a política: o império da lei democrática iria substituir, teoricamente, o poder do imperador, pelo menos, nos vinte anos de poder dos liberais.

Assim sendo, aqueles dias representaram momentos de incerteza e de desafios para construir uma sociedade que abraçasse sua nova ambição. Não há dúvidas de que uma sociedade em transição implica, por um lado, em alimentar os espíritos da mudança, mas, por outro, também em despertar forças conservadoras que temem perder seus privilégios com a nova ordem. Era preciso detectar o que avançava e o que recuava. A família, como núcleo da sociedade, foi uma instância extremamente sensível a esses tempos; a mulher emerge dali para ocupar outros espaços, além dos domínios domésticos, como a universidade, por exemplo. Em tempos de guerras, elas foram ocupando espaço no mercado de trabalho porque os homens estavam no front.

Na sociedade vienense as mulheres estavam sujeitas à intervenção e interdição masculinas. Todos nelas mandavam: pais e irmãos; a irmã mais nova de Freud, por exemplo, tivera de renunciar a se tornar pianista porque isso geraria um custo e atrapalharia os estudos de seu irmão superdotado. Os casamentos de mulheres com homens muito mais velhos e ricos eram comuns, numa clara afirmativa de que o que elas precisavam era de bem-estar financeiro (nada mais do que uma forma de prostituição instituída pela hipócrita Viena).

O QUE FREUD DIZIA SOBRE AS MULHERES **157**

Ao visitar os Estados Unidos, Freud volta assustado com as mulheres da América: eram pouco femininas no sentido da domesticação. Assim, vejam o que Decker (1999, p.211, tradução nossa), aponta:

O que se esperava de uma moça convencional como Dora era que se casasse e administrasse uma casa. Embora tenha mostrado a Freud com bastante evidência de que isso era justamente o que ela não queria fazer, ele não foi capaz de responder com empatia. As ideias de Freud sobre o lugar e o papel tradicional da mulher eram cristalizadas. Quando sua prometida escreveu a ele sobre John Stuart Mill e sua esposa, Freud respondeu com uma crítica da "absurda" ideia de que uma mulher casada fosse capaz de ganhar tanto quanto seu marido. "Espero que estejamos de acordo", escreveu Freud a Martha Bernays, "em que administrar uma casa e educar os filhos requer da pessoa tempo integral, e praticamente elimina qualquer profissão".[1]

Essa autora lembra de uma carta de Freud a Marta na qual ele se mostra pessimista sobre qualquer tentativa de emancipação da mulher: "porque a natureza terá decidido que a mulher por sua beleza, seu encanto e sua bondade, tenha outras coisas para fazer" (Decker, 1999, p.211, tradução nossa).[2]

---

1 No original: *"Lo que se esperaba de una chica convencional del entorno de Dora era que se casara y llevara una casa. Aunque mostró a Freud abundante evidencia de que esto era precisamente lo que no queria hacer, él no fue capaz de responder con empatia. Las ideas de Freud sobre el lugar y el papel tradicional de la mujer eran fijas. Cuando su prometida le escribió acerca de John Stuart Mill y su esposa, Freud respondió con una crítica de la 'absurda' idea de que una mujer casada fuera capaz de ganar tanto como su marido. 'Confío en que estemos de acuerdo', escribió Freud a Martha Bernays, 'en que llevar la casa, cuidar y educar a los hijos requiere a la persona al cien por cien, y prácticamente elimina cualquier profesión' [...]".*

2 No original: *"porque la naturaleza habrá decidido que la mujer, por su belleza, su encanto y su bondad, tenga otras cosas que hacer".*

158 JOSÉ ARTUR MOLINA

O ideal feminino era, portanto, a abnegação, o conformismo e uma "resignação feliz".

A autoridade da maioria dos homens da Áustria, na transição do século XIX ao XX, residia no firme terreno da tradição, que se observava de forma clara no papel decisivo do governo do imperador Habsburgo e na vitalidade do código civil austríaco, em vigor desde 1811. O império austríaco ostentava todos os adereços de uma monarquia constitucional, mas seu parlamento não tinha poder real. O imperador nomeava e destituía seus ministros, e estes não tinham nenhuma responsabilidade na legislatura. Essa situação refletia-se na posição dos maridos na família. A lei civil determinava que as mulheres tinham que obedecer seus maridos em todas as situações referentes ao lar e aos filhos. (Decker, 1999, p.92, tradução nossa)[3]

Mas "as mulheres de Freud" não seriam tão dóceis como ele haveria desejado. Elas queriam muito mais do que uma vida doméstica: viviam um período de transição social e preparavam-se para inaugurar um novo lugar para elas. Anna O. foi a grande inspiradora de Freud nessa aventura. Ela também não era dócil, tendo sido a primeira trabalhadora alemã e nunca se casara. Talvez por isso elas o tenham ajudado a pensar sobre o enigma dos

---

3 No original: "*La autoridad de la mayoría de los hombres de Áustria, en la transición del siglo XIX al XX, residía en el terreno firme de la tradición, que se observaba de forma tangible en el papel decisivo del gobierno del emperador Habsburgo y en la vitalidad del código civil austriaco, que estaba en vigor desde 1811. El imperio austriaco ostentaba todos los adornos de una monarquia constitucional, pero su parlamento no tenía poder real. El emperador nombraba y destituía a los ministros, y éstos no tenían ninguna responsabilidad en la legislatura. Dicha situación se reflejaba en la posición de los maridos en la familia. La ley civil dictaminaba que las mujeres tenían que obedecerles en todos los temas que se refiriesen al hogar y a los hijos*".

O QUE FREUD DIZIA SOBRE AS MULHERES **159**

sintomas histéricos e, mais ainda, terem proposto para ele um método de tratamento: a cura pela conversação. Assim sendo "as mulheres de Freud" tinham ambições para além de seu tempo ou, no mínimo, eram visionárias.

Podemos entender a "cura pela conversação", proposta pelas histéricas, como um apelo das mulheres ao diálogo com os homens. Nesse diálogo, a opressão do homem sobre a mulher vai aparecer e ser denunciada nos relatos de abuso sexual sofridos na infância ou meninice. Acatando, num primeiro momento, a veracidade de tais relatos, Freud coloca-se em defesa das mulheres contra sua opressão, alinhando-se às forças vivas da história. Posteriormente, ao pôr em dúvida a veracidade dos fatos relatados e criando a teoria da "realidade psíquica", pode até ter prestado uma inestimável contribuição para a ciência, mas à custa de um dispensável alinhamento conservador e vitimizador da mulher.

A busca do "diálogo" da mulher com o homem, passível de ser apreendido na histeria, também pode ser tomado como um gesto civilizado das mulheres na tentativa de substituir o poder tirânico e arbitrário do Pai pela Lei capaz de distribuir equitativamente direitos e deveres, estabelecer possibilidades e restrições. Nesse sentido, as mulheres foram mais arrojadas e prospectivas.

Dora, adolescente de 18 anos, não era diferente. Decker (1999) aponta para o pecado de Freud, que não pensou em Dora como uma adolescente:

> A inexperiência de Freud com a transferência unia-se à sua incapacidade para reconhecer que uma adolescente tem necessidades psicológicas diferentes de um adulto. Os adultos mais importantes na vida de Dora usaram-na para seus próprios fins e ainda negavam que o haviam feito [...] [Dora] encontrava-se no processo de definir sua relação com o mundo adulto. Precisava fortalecer seu idealismo adolescente para preservar o desenvol-

160 JOSÉ ARTUR MOLINA

vimento de um eu saudável. Os adolescentes se preocupavam com a verdade porque estão desenvolvendo a capacidade de dar e receber lealdade e fidelidade. (Decker, 1999, p.224, tradução nossa)[4]

Parece que ninguém a respeitou, e que todos pensavam apenas em seus próprios objetivos. Os homens de Dora a ignoravam, assim como seu analista, pois estavam, todos eles, identificados entre si.

Se havia uma pessoa que Dora amava era seu irmão, Otto. Sensível às relações humanas, Otto escreveu, aos dez anos de idade, uma obra em cinco capítulos: O final de Napoleão. Filho de um rico industrial teria sido natural que o jovem desenvolvesse habilidades na área comercial e multiplicasse a fortuna do pai. Ao contrário, Otto dedicou-se às causas da justiça social, bandeira da esquerda, rebelando-se contra o status capitalista do pai. Ele recebera uma sólida formação no Gymnasium de Meran. As disciplinas eram latim, grego, língua e literatura alemãs, francês, canto, desenho, história, geografia, matemática e física. Otto lera no original *A Ilíada*, *A Odisseia*, as obras de Platão e Sófocles, Lívio, Virgílio, Tácito, Horácio, Cícero, Ovídio e Júlio Cesar. No fim de seu ciclo de estudos, fora aprovado em primeiro lugar no difícil exame Matura, o que representava uma grande distinção. Otto pertencia a uma elite intelectual.

---

4 No original: *"La inexperiencia de Freud con la transferencia se unía a su incapacidad para reconocer que una adolescente tiene necesidades psicológicas distintas de las de un adulto. Los adultos más importantes en la vida de Dora no solamente la habían utilizado para sus propios fines, sino que luego negaban haberlo hecho [...] (Dora) se encontraba en el proceso de definir su relación con el mundo adulto. Necesitaba reforzar su idealismo adolescente para asegurar el crecimiento sano de su Yo. Los adolescentes se preocupaban por la verdad porque están desarrollando la capacidad de dar y recibir lealtad y fidelidad".*

O QUE FREUD DIZIA SOBRE AS MULHERES **161**

Para Dora nada disso foi possível, pois as diferenças de formação destinadas a um menino e a uma menina eram abismais. O próprio Freud vivenciou isso.

Não se estudava latim e nem grego, mas línguas modernas e um pouco de matemática e ciências. As matérias opcionais incluíam costura, estenografia, datilografia, e – em alguns Lyzeen – latim. O conteúdo de língua e literatura germânicas era menos pesado do que o que Otto estudou. As moças liam Guilherme Tell, escreviam sobre "As vantagens da vida no campo" ou "uma viagem improvável no verão" e recitavam poesias. A moça que se graduava no Lyzeum não podia matricular-se na universidade. (Decker, 1999, p.123, tradução nossa)[5]

Como podia Dora ascender, sem recursos tão fundamentais, para elevar-se a uma outra condição? Enquanto Otto chegou a ser ministro de Estado, a Dora coube ser uma personagem de Freud no sofrimento das histerias.

Fica evidente que o binômio histeria e mulher estão muito ligados, a ponto de ser impossível pensar num sem pensar no outro. No caso de Dora devemos ainda acrescentar a sua condição judaica.

Otto Weininger (1880-1903) doutorou-se em filosofia e escreveu uma obra de muita repercussão, *Sexo e caráter*, que foi lida por muitos e considerada uma grande obra, admirada por

---

5 No original: *"No se estudiaba ni latín ni griego, pero si lenguas modernas y algo de matemáticas y ciencias. Las asignaturas opcionales incluian costura, estenografía, escribir a máquina y – en algunos Lyzeen – latín. El contenido de lengua y literatura germana era mucho menos fuerte que el que estudio Otto. Las chicas leían Guillermo Tell, disertaban sobre 'Las ventajas de la vida en el campo' o 'un viaje improbable en verano' y recitaban poesías. La chica que se graduaba en um Lyzeum no podía matricular-se en la universidad".*

162 JOSÉ ARTUR MOLINA

Franz Kafka. É uma ode à misoginia e ao antissemitismo. Algumas das pérolas desse livro incluem frases como "todas as mulheres são prostitutas"; "os homens deveriam optar pelo celibato para se proteger delas"; "a mulher mais superior é muito inferior ao homem mais vil, da mesma forma o melhor judeu estaria aquém do pior cristão"; "o judaísmo era desprezível por estar impregnado pelo feminismo"; "mulheres e judeus não tinham alma; declarou que sua época era a mais judia e feminina de todas"; "os judeus eram piores que as mulheres porque eram mulheres degeneradas".

Como judeu, Weininger suicidou-se por não poder vencer o judeu e a mulher que tinha dentro de si. Esse livro teve um grande impacto em Viena nos idos de 1903. Muito se falou dele.

A verdade é que Weininger não havia expressado nada além daquilo que muitos acreditavam: que as mulheres eram seres de uma ordem inferior e que todos os outros grupos inferiores podiam comparar-se com elas para tentar explicar a essência de seus defeitos. (Decker, 1999, p.89, tradução nossa)[6]

Dora vive num ambiente absolutamente hostil em todas as facetas de seu ser: adolescente, mulher, judia e histérica. Filha de uma família infeliz em tempos infelizes.

Além destes fatores psicológicos, a etiologia da histeria de Dora, da mesma forma que as histerias de muitas outras mulheres de classe média e média alta nesses tempos, tinham um componente social. Os sintomas histéricos eram manifestações físicas da ira e da energia que uma mulher vitoriana não deve-

---

6 No original: "*La verdad es que Weininger no había expresado otra cosa que lo que muchos creían ya: que las mujeres eran seres de un orden inferior y que todos los otros grupos inferiores podían compararse con ellas para intentar explicar la esencia de sus defectos*".

O QUE FREUD DIZIA SOBRE AS MULHERES **163**

ria demonstrar abertamente. Já que se admirava a vulnerabilidade como ideal feminino, as mulheres podiam expressar seu descontentamento através de uma doença física e permanecer dentro do enquadramento de conduta feminino apropriado e aceitável. (Decker, 1999, p.147, tradução nossa)[7]

O desamparo era a situação das mulheres judias na cristã Viena. E tudo se agravava quando não tinham acesso a uma formação que lhes desse condições para uma carreira profissional. A histeria era o palco da rebeldia feminina, porque era calada e sofrida (a afonia de Dora era também uma das mais comuns manifestações das histerias naquele século XIX). Abraçava-se a condição necessária para uma mulher vitoriana, ou seja, não ser direta, e, ao mesmo tempo, conseguia-se muitos ganhos; o maior deles era a crueldade sobre si mesma.

O século XIX vivia uma série de mudanças extraordinárias. Dora estava nesse movimento, mas sem nenhum respaldo. Freud também vivia esses tempos. A burguesia de Viena tentou evitar o avanço de posições progressistas, abraçando o conservadorismo, ao mesmo tempo em que tolerava novas posturas com as quais ela poderia obter ganhos.

Freud não pode ser acusado de não ter sido um homem à frente de seu tempo, mas também havia nele pontos de ancoragem com o que mais existia de conservador: a visão da mulher. Chegou a dizer que o homem tem um percurso por Édipo muito mais elaborado, enquanto a mulher dominaria menos suas pul-

---

7   No original: "*Además de estos factores psicológicos, la etiología de la histeria de Dora, al igual de la histeria de muchas otras mujeres de clase media y clase media-alta en esos tiempos, tenía un componente social. Los síntomas histéricos eran manifestaciones físicas de la ira y energía que una mujer victoriana no debía demostrar abiertamente. Ya que se admiraba la vulnerabilidad como ideal femenino, las mujeres podían expresar su descontento a través de una enfermedad física y quedarse dentro de los confines de una conducta femenina apropiada y aceptable*".

164 JOSÉ ARTUR MOLINA

sões em função de sua infinita posição preedípica. Com isso ela desenvolveria um menor sentido de justiça em decorrência de um entendimento da lei da interdição menos acurado.

Apesar de todo esse contorno conservador da sociedade vienense, Dora participou de atividades educacionais e culturais, inclusive engajando-se em campanhas feministas para que as mulheres conseguissem igualdade de condições para o acesso à educação. Finalmente, as mulheres puderam entrar na faculdade de Filosofia da Universidade de Viena em 1897; na de Medicina, em 1900, embora para atender a demanda da comunidade muçulmana na Hungria, que não queria que médicos homens examinassem suas mulheres. A faculdade de Direito só permitiu o público feminino depois da Primeira Guerra Mundial.

A Europa fervilhava em novos tempos, embora Viena padecesse de evidente timidez. Entretanto, não era insensível a rebeldia na pintura de artistas rebeldes alemães. Até o imperador visitava as exposições, a exemplo de Dora, dos pintores locais que haviam aderido ao movimento rebelde.

Dora sempre afirmou que o destino do matrimônio não seria sua escolha, mas, afinal, acabou por sucumbir, talvez não a um burocrático enlace, mas ao amor.

Freud tocou, timidamente, o tema da contratransferência. Talvez porque o fardo de carregar sobre suas costas todos os preconceitos, religiosamente, aceitos em seu país, tivessem-no cegado para uma evidência incontestável: o estatuto da mulher vienense do século XIX fez dele um sintoma de uma época.

Talvez por isso conclua seu texto sobre a "Feminilidade" (1933) desta maneira.

Isto é tudo o que tinha a dizer-lhes a respeito da feminilidade. Certamente está incompleto e fragmentário, e nem sempre parece agradável. Mas não se esqueçam de que estive apenas descrevendo as mulheres na medida em que sua natureza é de-

O QUE FREUD DIZIA SOBRE AS MULHERES 165

terminada por sua função sexual. É verdade que essa influência se estende muito longe; não desprezamos, todavia, o fato de que uma mulher possa ser uma criatura humana também em outros aspectos. Se desejarem saber mais a respeito da feminilidade, indaguem da própria experiência de vida dos senhores, ou consultem os poetas, ou aguardem até que a ciência possa dar-lhes informações mais profundas e mais coerentes. (Freud, 1996 [1933], p.134)

Seguindo a indicação do mestre, fomos explorar a arte de Arthur Schnitzler, que faz da mulher protagonista de sua literatura, e a pintura de Gustav Klimt, que dedica toda sua arte à mulher. Na arte ela seria desnudada, sem pecado e sem pudor.

Em uma carta datada de 14 de maio de 1922, Freud chama Schnitzler de seu duplo, alma gêmea. Alega tê-lo evitado por temer perder-se na criação da psicanálise. Apesar disso veja um fragmento da carta:

> Sempre que me deixo absorver profundamente por suas belas criações, parece-me encontrar, sob a superfície poética, as mesmas suposições antecipadas, os mesmos interesses e conclusões que reconheço como meus próprios. Seu determinismo e seu ceticismo – o que as pessoas chamam de pessimismo –, sua profunda apreensão das verdades do inconsciente e da natureza biológica do homem, o modo como as convenções sociais de nossa sociedade, a extensão em que seus pensamentos estão preocupados com a polaridade do amor e da morte, tudo isso me toca com uma sensação de estranha familiaridade. (Freud apud Tavares, 2007, p.27-8)

Pelo visto, Freud não se absteve de ler Schnitzler. É curioso que o que ele sublinha em sua obra seja o pessimismo, as verdades do inconsciente, a natureza biológica do homem, as convenções sociais e, por último os temas de amor e morte. Isso é uma

166 JOSÉ ARTUR MOLINA

amostra da multiplicidade de questões que invadiam Freud – pensador, psicanalista, médico, cidadão preocupado com a pressão social que oprime o ser humano. Parece óbvio, mas é preciso afirmar que não havia em Freud uma unidade de pensamento; nele habitava o contraditório.

Apesar dessa declaração de admiração, Schnitzler não se sentia muito entusiasmado com a psicanálise. Desconfiava de seu afã por curar o que, para ele, era sinônimo de adaptar (pelo visto o escritor não leu Freud tão atentamente). A psicanálise possibilitaria não a morte das paixões, mas melhores condições ao sujeito de lidar com as intempéries da vida. Freud recomendava cuidado com o *furor sanandis*. A Jung Wein, movimento de vanguarda composto por artistas nos cafés da Ringstrasse, do qual Schnitzler era membro, desconfiava de tudo que vinha da academia para ordenar, organizar, disciplinar aquilo que não tinha como conter: um impulso a desagregação.

A literatura sempre foi para Freud a melhor maneira de se conhecer a alma humana. Ele atribui a si apenas o fato de ter construído um método de chegar a ela. O inconsciente, para ele, foi inventado pelos poetas por serem mestres da metáfora, mecanismo precípuo dessa instância. Freud pensava que Schnitzler havia viajado, como ele, para as profundezas do psiquismo humano – em especial na mente feminina. Admirava que o fato de escritor haver chegado através da criação literária onde ele chegou através do árduo caminho da ciência. As personagens, principalmente femininas de Schnitzler são enigmáticas. As de Freud são histéricas, ambivalentes, complexas, insatisfeitas por natureza, inconsoláveis, e capturadas pelo sofrimento. Os homens são previsíveis, e com eles o Império Austro-Húngaro desaba.

Schnitzler, apesar de seu talento literário, formou-se em medicina por demanda paterna.

Em 7 de maio 1885, então com 23 anos, ele anotava: "Tenho a sensação definitiva de que, tirando as vantagens materiais,

O QUE FREUD DIZIA SOBRE AS MULHERES **167**

cometi eticamente uma tolice ao estudar medicina. Agora faço parte da multidão. Além disso, há agora também minha preguiça. Há também uma segunda desvantagem, esta bem mais desgastante: a vergonhosa hipocondria a que este estudo lastimável me levou – lastimável em relação àquilo para o que ele aponta e revela. Muitas vezes me sinto completamente acabado. Meu sistema nervoso não foi feito para esta quantidade de afecções deprimentes e pouco estéticas. Eu ainda não sei atualmente (hoje que deveria estar na florescência de minhas forças espirituais) se há realmente em mim um verdadeiro talento para a arte [...]. É inacreditável como alguém pode perder-se a si mesmo. Eu tateio, por assim dizer, atrás de mim mesmo". (Bader apud Schnitzler, 1999, p.17)

Kon (2008) destaca uma curiosa coincidência entre os dois, pois Schnitzler guarda uma série de semelhanças com Freud: ambos são judeus, médicos, estudaram com Theodor Meynert (psiquiatra renomado) e fizeram de seus trabalhos uma crítica séria à hipocrisia do Império. Por ocasião da morte de Johan Schnitzler (morre em 1893), Arthur abandona a medicina para dedicar-se à literatura. Freud, por sua vez, escreve *A interpretação dos sonhos* (1900) após a morte de seu pai, Jacob, em 1896. Mas é preciso considerar que quando Freud mergulha em sua teoria do inconsciente, através da descoberta do papel do desejo na construção das histerias, também se afasta da medicina tradicional. Fica claro quando defende num de seus escritos que os leigos (não médicos) podem exercer a psicanálise. De modo que Freud deixa também de ser médico para ser analista. Isso porque a medicina, a ciência e a universidade da época eram por demais conservadoras para aceitarem teses como a da sexualidade infantil.

Schnitzler abordará em suas obras homens e mulheres em situações de desespero pela ruína financeira ou familiar, pelo

168 JOSÉ ARTUR MOLINA

jogo, pelo endividamento ou ainda pelo incesto, pelo adultério e abandono. Mas que, ainda assim, se mantêm fiéis aos códigos da aparência social. (Kon, 2008, p.2)

Tavares (2007) faz interessante relação entre Freud e Schnitzler. Como ambos são médicos e escritores, cada qual teria muito mais em comum do que o que foi levantado. Schnitzler interessava-se pela medicina, ou melhor, pela psiquiatria, porque a loucura, para ele, guardava relação com a poesia. Freud era um grande escritor, utilizando-se de recursos estéticos de escrita para melhor explicitar suas posições (lembremos que ele pede perdão para a academia por escrever os casos clínicos como se fossem romances), pois quando escreve sobre as histéricas, Freud revela-se esteta. Quando vai tratar do conceito do feminino, entra o acadêmico carregando o peso da tradição: Freud entre a estética e a razão.

Apesar de todas as semelhanças entre os autores, Freud faz tímidas citações de Schnitzler em sua obra, e todas sem nenhuma importância. Entretanto, há inúmeras citações de autores consagrados como Goethe e Shakeaspeare. Dá a impressão de que Freud já navegava, por demais, em águas turbulentas para abster-se dos clássicos e abraçar o contemporâneo e arriscar morrer queimado junto a Schnitzler na fogueira da intolerância.

Em 1927, Schnitzler comenta a carta de Freud dirigida a ele em 1922:

> Por algum aspecto eu me constituo no duplo do professor Freud. Ele me definiu certa vez como algum gêmeo psíquico. Na literatura percorro a mesma estrada sobre a qual Freud avança com uma temeridade surpreendente na ciência. Entretanto, ambos, o poeta e o psicanalista, olhamos através da janela da alma. (Kon apud Schnitzler, 2008, p.4)

Freud e Schnitzler souberam, com muita sensibilidade, que a mulher era um sintoma de uma sociedade claudicante. Ambos

O QUE FREUD DIZIA SOBRE AS MULHERES **169**

foram realistas ao abraçarem o campo do simbolismo e das sensações. Suas personagens – Dora, Lucy, Emmy, Elizabeth, em Freud; e Else, Therese, Marcolina, Beate, em Schnitzler – são complexas, longe da domesticação do lar. A diferença está em que Freud tinha que responder a uma demanda institucional, científica – seus personagens eram "supostamente" reais. A ciência não dá os privilégios que a arte concede aos seus realizadores. Assim sendo, Freud construiu seu método como um realista legítimo e conceituou o feminino como um romântico fanático. Lembrem-se: o romantismo acaba no matrimônio; o realismo começa nele. Breuer já sabia disso: "Não penso estar exagerando ao afirmar que a grande a maioria das neuroses graves nas mulheres tem sua origem no leito conjugal" (Breuer, 1893-1895, p.264).

Freud teve que enfrentar uma oposição feroz em tudo o que propôs. Abdicou dela no conceito de feminino por sua visão da mulher numa sociedade pré-capitalista. Para conseguir seu ingresso na Universidade foi um longo percurso, através de cartas de recomendação para, finalmente, ser aceito. Nem sempre é recomendável viver o tempo todo em oposição, diria um sábio pragmático.

Não deixa de ser sintomático que na obra de Freud não haja uma citação sequer de Gustav Klimt: Freud desprezava a pintura moderna. Não entendeu o que Dalí queria com ele, e muito menos o que o surrealismo via nele. Algo parecido com a ausência da literatura de Schnitzler em sua obra.

Freud amava os clássicos; era seu horizonte sereno, além da "vulgaridade" dos temas da clínica psicanalítica cotidiana. Uma ordem estética avalizada pelo tempo, um lugar seguro para transitar, coisa muito pouco frequente para ele.

Gustav Klimt, a exemplo de Freud e Schnitzler, sofre uma violenta reação do público e das instituições do Estado Imperial, seus antigos aliados. Isso porque ousou fazer pinturas como *Os quadros da faculdade*, que deveriam ser apologias do saber, um

170 JOSÉ ARTUR MOLINA

cenário caótico, sem sentido e sem esperança. Além disso, fez-se representante não só de sua rebeldia, mas de sua ousadia através da figura feminina. O tema sexualidade e morte, Eros e Tánatos são comuns aos três autores. Klimt era amigo do ministro da Educação e, como consequência, amigo do imperador. Naquele momento Klimt submeteu-se a produzir um trabalho que estivesse ancorado em padrões clássicos de arte (a chamada arte historicista). Com isso, ganhou dinheiro e prestígio – Viena é testemunha da presença do artista em vários edifícios públicos monumentais. Ele torna-se o pintor da burguesia que ambicionava ascender à aristocracia vendo-se retratada pelo artista oficial do Império.

Mas esse idílio não duraria para sempre, e a cisão se dá quando Klimt "ousa" desafiar os sábios da Universidade. Cheio de confiança, Gustav denunciou com seus esboços sobre *A filosofia*, *A medicina* e *A jurisprudência* o fracasso da academia, e delata uma filosofia que não pensa, uma medicina que não cura e uma jurisprudência que não faz justiça.

Klimt perde o apoio oficial, mas ganha a liberdade. Já era um homem economicamente realizado e, mesmo depois da cisão com o Estado, nunca lhe faltaram encomendas. Essa posição dá condições ao artista de fazer valer o seu gênio criador. Ele abandona a velha estética e cria uma arte singular, na qual suas mulheres são representadas em todas as suas facetas: santa e prostituta, sábia e impulsiva, mãe generosa e mulher cruel. Klimt despe a mulher e em seus trabalhos planos dá condição para que ela se mostre complexa, desejante, indiferente, autônoma e amedrontadora.

Klimt retrata o declínio da razão e, com ele, o império masculino. Explora a sexualidade feminina como múltipla, sem pudor algum: o erótico é visitado e escancarado a céu aberto, para que todos vejam que a sexualidade feminina não poderia ser domesticada por frágeis padrões sociais.

Freud percebe essa realidade ouvindo suas pacientes, e teoriza sua ficção como realidade psíquica, e Schnitzler, em sua fic-

O QUE FREUD DIZIA SOBRE AS MULHERES 171

ção, desvenda essa verdade. Uma ruptura acontece na transição do século XIX para o XX, e ela se dá através de um discurso que pretende uma descontinuidade de tudo o que estava posto. O método da psicanálise é portador deste acontecimento quando pretende ouvir não o que o paciente diz, mas aquilo que ele diz sem saber. Ouvir o que vem de forma enigmática, como que pedindo um sentido. A verdade está no erro, no que falha no discurso por insistência do inconsciente.

O método do tratamento pela fala, quando sai do estatuto da ab-reação para a associação livre, deixa de ter um caráter de expurgação dos sintomas tal como os remédios e as cirurgias faziam com males orgânicos ou os exorcismos como males espirituais, para se preocupar com os sentidos dados ou ligados às experiências. A fala tem uma função menos de exorcismo do que implicação simbólica, de elaboração, de uma sucessiva construção e desconstrução de sentidos de realidade, no sentido de uma resignificação ou des-significação subjetiva. (Tavares, 2007, p.80)

Trata-se de um método que convida o analisando a reinventar-se a partir de novas significações que ele próprio irá produzir. Tavares (2007) afirma com Foucault que um corte epistemológico foi produzido neste tempo. "Do paradigma da essência, do absoluto e da representação, ao fim do século XVIII e onde o homem, passa a ser, a um só tempo, sujeito do pensar e objeto do conhecimento" (Tavares, 2007, p.89).

Com muitos percalços (veja o caso Dora) Freud percebe essa realidade. O fenômeno da transferência e contratransferência torna impossível não pensar nas implicações emocionais produzidas na relação terapêutica. Não existe um médico que cura e um paciente que entrega seu corpo para esse fim, mas uma relação artificial que põe em operação as armadilhas do sintoma. E a grande novidade está no manejo dessa atuação, de modo

172   JOSÉ ARTUR MOLINA

que Freud foi grande quando se torna porta-voz dessa nova ordem. Ela foi determinada por suas mulheres – e é por isso que o feminino é uma pedra angular, não apenas para a psicanálise: Schnitzler e Klimt são testemunhas disso, através de suas obras. Eles inauguram um contradiscurso na cultura; Freud, uma contraciência.

A obra de Freud foi queimada em Berlim, e Hitler considerava que Schnitzler denegria a mulher alemã. Klimt também não agradava ao nacional-socialismo, e *Os quadros da faculdade* também viraram cinzas. A história revela a grandeza desses homens ao serem honrados pela execração do nazismo.

O Fundamentalismo fálico

A psicanálise desembarca no século XX, trazendo conhecimentos que iriam se espalhar ao longo de todo mundo. A psicoterapia entendida apenas como a cura pela palavra é transformada em diversas práticas, atendendo a diversas abordagens. Mas todas são filhas, embora independentes, do método freudiano, que se constrói depois de um necessário divórcio entre Freud e a medicina. As mulheres com as quais ele se encontrou no consultório haviam sido desenganadas pelos médicos. Um outro saber deveria ser produzido para acalmar seu sofrimento, e ele foi construído a partir do drama existencial dessas mulheres. Freud foi forçado a escutá-las. De certo modo, a psicanálise foi inventada por elas através de um interlocutor solidário, Freud. Até aí podemos concluir de maneira rasteira que a psicanálise fundava dois pilares conceituais que se comunicavam: o inconsciente e o método. O primeiro defende que uma representação carregada de emoção sem possibilidade de descarga é transferida para o corpo. Veja que no silêncio dele se escondia o grito do desconsolo, da insatisfação. De modo que em matemática simples poderíamos concluir

O QUE FREUD DIZIA SOBRE AS MULHERES 173

que existe um lugar onde uma ideia possa estar escondida da "nobre razão da cordura". A esse lugar Freud deu o nome de inconsciente. É o conceito básico que justifica sua prática. O método, fundado numa escuta do inconsciente, e o manejo da transferência guardam para a psicanálise um lugar singular, ousado e inovador – um passo grandioso para a ciência psíquica. Sobre Freud recai todo o mérito por sua inteligência ao formulá-lo, mas ele havia avançado solitário para aqueles tempos de tradição, conservadorismo e, concomitantemente, tempos de transformações radicais. Freud bebera da água dessas duas fontes. Quando a psicanálise é convocada para o debate sobre a construção do feminino, titubeia entre vagas considerações e vícios de uma certa virilidade dominante. Abraça um fundamentalismo fálico que vaticina o feminino a ser um desdobramento do masculino, um avesso. Freud tem uma intuição nova e um veredicto velho: o desejo aprisionado da mulher e o matrimônio como solução. Estaria Freud contaminado pelo modelo essencialista do Iluminismo?

O advento do Iluminismo dá forma a um modelo na cultura. A hierarquia, contudo, deixaria de ser metafísica, tornando-se biológica: a mulher, mais próxima da natureza, seria destinada à maternidade e ao lar, cabendo ao homem, por sua racionalidade, dominar a polis. (Neri, 2002, p.19)

Se por um lado Freud não quer buscar na biologia a diferença sexual, tampouco abandona a diferença anatômica para começar uma proposição sobre o assunto, de modo que a presença e a ausência do pênis teriam consequências fundamentais na diferença: o feminino seria construído a partir de uma mutilação do órgão masculino. Aliás, não podemos deixar de apontar que a mulher teria um pênis involuído o que, em sua imaturidade, seria objeto de prazer. O prazer solitário da mulher assusta o império dos homens por se verem excluídos da empreitada. Freud,

174 JOSÉ ARTUR MOLINA

muito prontamente, sugere que o clitóris deve ser abandonado junto com a vocação onanista antes conhecida da mulher.

> Em muitos momentos de sua obra, [...] Freud apresentou uma representação de mulher bastante poderosa e ameaçadora, ligando o feminino ao narcisismo, à falicidade, à natureza, à morte, e à castração. Se a princípio sua concepção pressupunha o sexo feminino às ideias de fragilidade, passividade e masoquismo, o reconhecimento da representação de uma mulher poderosa, fálica e castradora o levou a reeditar os temores do século XIX e a caracterizar a sexualidade feminina como um enigma. (Nunes, 2002, p.52)

Para não correr riscos de retaliação por parte da mulher ressentida da castração, o mundo masculino destinou a ela um caminho: a vagina, receptáculo da criação que, por sua vez, a tornaria zeladora da família. Homens na rua, mulheres em casa! Homens públicos, mulheres privadas! É preciso destacar que Freud não tinha um pensamento único, porque ao lado dessas afirmativas sobre a domesticação da mulher havia posições intrigantes: a mulher tem uma sexualidade polimorfa e seria também pulsional. O polimorfismo é certamente um deslocamento do falocêntrismo, e ser pulsional é colocá-la para fora do representacional. Algo falha na mulher no momento de seu percurso por Édipo, posto que o recalcamento não conseguiria aprisioná-la no simbólico. Assim, o complexo edípico, edifício central da lógica fálica, não funcionaria para dar conta de como a mulher se faz. "Édipo produz o menino, não produz a menina" (Soler, 2006, p.17). Ora, se Édipo não faz a menina, como poderia fazer o menino? Diante desses impasses para a teoria psicanalítica, o feminino observa, como que se divertindo, a dificuldade dos homens psicanalistas para se livrar do pensamento recorrente da fase fálica do menino. Tão importante é que a mulher jamais se livraria do sentimento de inveja por ser castrada biologicamente.

O lugar que a mulher e o feminino ocupam na teoria é um lugar claramente determinado por um mundo masculino, conservador, e que não consegue entender que outras coisas podem estar acontecendo para além do fálico. Mas, contraditoriamente, a afirmação de Freud de que a mulher é pulsional nos leva pensar numa outra disposição conceitual. Vejam a colocação de Birman (1996) através de Nunes (2002, p.54-5).

Para Birman (1996a), a partir da tematização da pulsão de morte, ou seja, de uma pulsão sem representação, Freud privilegia o aspecto econômico e explicita duas dimensões constitutivas da pulsão que se contrapõem no sujeito e se expressam nas polaridades quantidade versus qualidade, força versus representação e energia versus símbolo. Aqui, o sujeito do inconsciente se constitui pelo circuito da pulsão no campo do outro, sendo sua inscrição no universo do símbolo um trabalho de elaboração psíquica dependente dos destinos da pulsão nesse circuito. [...] Pode existir um excesso pulsional que não se inscreve e que se constitui em uma experiência de angústia e desamparo.

É interessante pensar em vida inteligente para além ou aquém do simbólico, porque é um exercício de pensar algo que está fora da barreira do recalcamento, que a subjetividade é formada por intromissões que vêm de longe no campo da experiência que a história conta. Dessa forma, aquilo que é novo e revolucionário terá dificuldades de se revelar.

Apesar disso Freud também não deixa de, em outro lugar e tempo, fazer suas proposições discutíveis como os três destinos da mulher: (1) a neurose, (2) o homossexualismo ou vocação fálica e (3) a resignação do lar. A primeira adoece de frustração, de inveja. A segunda faz de conta que tem um pênis (e os homens com isso tremem!) e a terceira aceita o seu destino. A mulher zeladora da família foi instituída a partir do século XVIII e, portanto, ela teria uma função historicamente determinada. Freud, filho do Iluminismo e liberal por vocação, universaliza a escravidão da mulher num esquema fálico, e com teorias rebuscadas tenta impor uma visão herdeira de uma imposição masculina. A mulher sempre foi tida como amante do excesso e, diante desse perigo, cidadelas deveriam ser construídas para não deixá-la transbordar para além do permitido. Sexo no matrimônio, felicidade no lar, filhos por todos os lados: eis o excesso que lhe fora permitido! Sobre a mulher não seria colocada a função de construir a civilização; isso era tarefa de homens, focados na razão do que deve ser feito. Neri (2002) coloca o feminino como uma encruzilhada para a psicanálise:

> O feminino, ao se apresentar como outro, vem desconstruir o universal, conjugado durante séculos no masculino, instalando a questão da diferença sexual no cerne da psicanálise. A riqueza e a singularidade da psicanálise estão no fato de ela ter se constituído justamente na tensão discursiva – presente na obra freudiana – entre dar voz a esse outro, singular, e reafirmar o masculino como universal na cultura. (Neri, 2002, p.13)

Diante do terceiro milênio, fica claro que o ordenamento freudiano do feminino naufraga. O corpo da mulher é negado e reduzido à ausência do pênis. A sexualidade polimorfa infantil é, inclusive, obscurecida em nome de uma condição fálica madura, e isso terá consequências importantes sobre a teoria psicanalítica. Toda a montagem das estruturas clínicas em neuroses, perversões e psicoses se veem ameaçadas. A teoria fálica está organizada para a incorporação da lei, e a ditadura do simbólico nos transformaria em soldadinhos muito bem comportados dentro do abrigo do recalcamento. Fora da lei estaria a doença, e um exército de abandonados, onanistas, mutilados, desdentados

O QUE FREUD DIZIA SOBRE AS MULHERES 177

e excluídos. As possibilidades de expressões humanas encontram-se aí radicalmente cerceadas pela psicanálise pensada no paradigma fálico. Freud não conseguiu ser ousado e inovador o tempo todo, e é preciso reconhecer isso para não ficarmos num dogmatismo desmesurado. Num mundo caótico, Freud constrói um ordenamento do sujeito a partir da Lei. O rei está morto, mas Freud tenta, com o complexo de Édipo, ressuscitá-lo.

Forjado por Freud, o modelo edipiano tinha como pano de fundo a sociedade vienense do fim do século, atormentada por sua própria agonia, por sua sensualidade vergonhosa e por seu culto à atemporalidade. Não somente os pais perdiam a sua autoridade à medida que a monarquia dos Habsburgos progressivamente afundava sob o peso de sua arrogância, quanto o corpo das mulheres parecia ameaçado pela irrupção de um possante desejo de gozo. (Roudinesco, 1999 apud Tavares, 2007, p.66)

Por outro lado, Freud denunciou o aprisionamento do desejo feminino, desnaturalizando a sexualidade.

[...] o iluminismo associara o feminino à natureza e à paixão com objetivo de excluí-lo da cultura, a modernidade vienense ao proclamar o "eu da emoção criadora" em oposição ao eu do cogito e do positivismo, transformou-o em figura emblemática do questionamento da racionalidade metafísica e científica. (Neri, 2002, p.16)

Isso abre uma ampla quantidade de possibilidades para se pensar. O debate sobre o feminino parece, em princípio, decepar o dedo da psicanálise, mas também ela poderia renunciar ao anel do paradigma fálico. Impensável? Para Birman (2002) o falocentrismo está encarnado na psicanálise dos psicanalistas até hoje. É difícil apreender um caminho distinto, é como se o cérebro tivesse sido formatado de modo falocêntrico.

178 JOSÉ ARTUR MOLINA

O feminino é uma via de mão dupla: uma para o falocêntrico e outra para o singular. Ambas as mãos estão historicamente determinadas. Tradição e ruptura era a regra da Viena na passagem para o século XX.

Não podemos ignorar que o falocentrismo está presente até mesmo quando a mulher ganha voz e visibilidade. Freud, Schnitzler e Klimt, não nos esqueçamos, são homens! Homens falando da mulher, dando-lhe imagens, formas, assumindo o papel de vozes (é o falo falando da mulher). Verdadeiros adãos emprestando, não seus corpos, mas suas mentes, para que delas pudessem sair as mulheres. Se a mulher nascida das costelas de Adão representava um nascimento primitivo do feminino, submetido ao falo, mas alusivo ao sensorial, ao carnal; o nascimento da mulher na modernidade, igualmente se faz através do homem, através do falo, porém, remetido à razão: a racionalidade masculina tentando domar a afetividade feminina, tida como atentatória ao projeto disciplinar da modernidade.

Nesse cenário de transição paradigmática da Viena do final do século XIX, no qual se digladiam forças rivais, umas tentando empurrar o Carro de Jagrená[8] para frente e outras tentando freá-lo ou puxá-lo para trás, a sorte da mulher não escaparia dessas tensões entre avanços e recuos. Freud foi uma dentre tantas outras forças que procuraram embarcar a mulher no carro de Jagrená. Em alguns momentos tiveram sucesso nessa empreitada, em outros, deixaram-na ser esmagada pelas suas rodas.

Freud, cansado de se confrontar com suas próprias contradições no que diz respeito ao "continente negro", convoca os poetas e artistas e, quem sabe, a ciência no futuro, para decifrar o enigma feminino.

---

8 Figura extraída da mitologia hindu, utilizada por Giddens (1991) para se referir à modernidade como um grande carro conduzido por forças diversas que atua dentro dele, dando-lhe direções, e que esmaga quem se colocar à sua frente para tentar detê-lo.

O QUE FREUD DIZIA SOBRE AS MULHERES **179**

Para Nunes (2002), Freud abre possibilidades, no final de sua vida, para que o feminino seja uma nau que leve a caminhos diferentes tendo o novo como resultado. Não mais caminhos viciados que desembocam sempre na rua da amargura.

> Aos poucos, desarticula-se a diferença anatômica entre os sexos da construção da subjetividade de homens e mulheres. Em "Feminilidade", o que constitui masculinidade e feminilidade é uma característica desconhecida, que foge ao alcance da anatomia, não sendo a psicanálise capaz de descrever a mulher. (Nunes, 2002, p.54)

Nessa lógica a libido, energia que impele a uma ação deixa de ser masculina para ser neutra, impulsionando as atividades sexuais de ambos os sexos. O masoquismo também deixa de ser problema de mulher. O tema feminilidade recebe uma ampliação de horizontes:

> A feminilidade, portanto, é uma característica comum a homens e mulheres, e não algo que constitui apenas o sexo feminino. É dessa forma que Freud confere à feminilidade um estatuto originário e universal, e a situa no âmago de nossa cultura e, consequentemente, do processo de subjetivação que diz respeito a homens e mulheres, já que é uma experiência determinante para a constituição dos indivíduos como sujeitos sexuados. (Nunes, 2002, p.55)

O feminino pensado como fora da lei, pulsional e polimorfo é um caminho de alteridade. Homens e mulheres poderiam escrever o seu destino para além de formulações que cerceiam a singularidade: a cada tempo a sua liberdade; a cada liberdade o seu tempo! Essa é a tarefa dos psicanalistas espalhados pelo mundo: trabalhar para a enunciação de singularidades e fazer tremular a bandeira da alteridade como novas possibilidades de estar no mundo. Finalizo com a escritora Clarice Lispector, (2005, p.73) que, em poucas palavras, resume o espírito deste trabalho, privilégio de poeta: "Liberdade é pouco. O que desejo ainda não tem nome".

REFERÊNCIAS BIBLIOGRÁFICAS

APPIGNANESI, L.; FORRESTER, J. *As mulheres de Freud*. Tradução de Nana Vaz de Castro e Sofia Maria de Sousa Silva. Rio de Janeiro: Record, 2010.

ARIÈS, P. *História social da criança e da família*. Rio de Janeiro: LTC, 1981.

AUGÉ, M. *Não lugares:* introdução a uma antropologia da super modernidade. Campinas (SP): Papiros, 1994.

BERMAN, M. *Tudo que é sólido desmancha no ar:* a aventura da modernidade. São Paulo: Companhia das Letras, 1998.

BERTIN, C. *A mulher em Viena nos tempos de Freud*. Campinas (SP): Papirus, 1990.

BETTELHEIM, B. *A Viena de Freud e outros ensaios*. Rio de Janeiro: Campus, 1991.

BIRMAN, J. *Feminilidades*. Rio de Janeiro: Espaço Brasileiro de Estudos Psicanalíticos, 2002.

BREUER, J.; FREUD, S. "Estudos sobre a histeria". In: *Obras Psicológicas Completas de Sigmund Freud*. Rio de Janeiro: Imago Editora. 1996. v. II.

DECKER, H. S. *Freud, Dora y La Viena de 1900*. Madrid: Biblioteca Nueva, 1999.

182 JOSÉ ARTUR MOLINA

HARVEY, D. *Condição pós-moderna*. São Paulo: Edições Loyola, 1993.

FLIEDL, G. *Gustav Klimt*: o mundo de aparência feminina. Colônia: Taschen GmgH, 1992.

FREUD, S. "Estudos sobre a histeria". In: *Obras Psicológicas Completas de Sigmund Freud*. Rio de Janeiro: Imago Editora. 1996. v. II.

_____. "Fragmento da análise de um caso de histeria". In: *Obras Psicológicas Completas de Sigmund Freud*. Rio de Janeiro: Imago Editora. 1996. v. VII.

_____. "Novas Conferências Introdutórias sobre Psicanálise" In: *Obras Psicológicas Completas de Sigmund Freud*. Rio de Janeiro: Imago Editora. 1996. v. XXII.

GIDDENS, A. *As consequências da modernidade*. São Paulo: Editora Unesp, 1991.

KENT, G. O. *Bismark e seu tempo*. Rio de Janeiro: Ed. Universidade de Brasil, 1982.

LISPECTOR, C. *Aprendendo a viver*: imagens. Rio de Janeiro: Editora Rocco, 2005.

MEZAN, R. *Freud*: pensador da cultura. São Paulo: Companhia das Letras, 2006.

MORAIS, Z. *Gustav Klimt*. Lisboa: LISMA Edição, 2005.

NÉRET, G. Klimt. *Lisboa*: Paisagem Distribuidora de Livros, 2006.

NERI, R. "O encontro entre a Psicanálise e o feminino: singularidade/ diferença" In: BIRMAN, J. *Feminilidades*. Rio de Janeiro: Espaço Brasileiro de Estudos Psicanalíticos, 2002. p.13-34.

NUNES, S. A. "O feminino e seus destinos: maternidade, enigma e feminilidade". In: BIRMAN, J. *Feminilidades*. Rio de Janeiro: Espaço Brasileiro de Estudos Psicanalíticos, 2002. p.35-57.

KON, N. M. "Sigmund Freud e seu duplo" In: *Revista Bravo*. São Paulo: ago. 2008. Disponível em: <http://bravonline.abril.com. br/conteudo/literatura/livrosmateria_292526.shtml> Acesso em: 22 ago. 2010.

SANTAELLA, L. *Cultura das mídias*. São Paulo: Experimento, 1996.

SCHORSKE, C. E. *Viena fin-de-siècle*: política e cultura. São Paulo: Companhia das Letras, 1988.

SCHNITZLER, A. *De cama em cama*. São Paulo: Livraria Exposição do Livro, 1960.

_____. *Senhorita Else*. Rio de Janeiro: Paz e Terra, 1985.

_____. *O retorno de Casanova*. São Paulo: Schwarcz, 1988.

_____. *A senhora Beate e seu filho*. Porto Alegre: L&PM, 2001.

_____. *Doutor Gräsler*: médico das termas. Porto Alegre: Mercado Aberto, 2002.

_____. *Breve romance de sonho*. São Paulo: Editora Companhia das Letras, 2003.

_____. *Crônica de uma vida de mulher*. Rio de Janeiro: Record Ltda., 2008.

SOLER, C. *O que Lacan dizia das mulheres*. Rio de Janeiro: Jorge Zahar Editora, 2003.

TAVARES, P. H. M. B. *Freud e Schnitzler*: sonho sujeito ao olhar. São Paulo: Annablume, 2007.

VILLARI, R. Prefácio. In: TAVARES, P. H. M. B. *Freud e Schnitzler*: sonho sujeito ao olhar. São Paulo: Annablume, 2007. p.13

SOBRE O LIVRO

Formato: 14 x 21 cm
Mancha: 10 x 16,5 cm
Tipologia: Horley Old Style 10,5/14
Papel: Offset 75 g/m² (miolo)
Cartão Supremo 250 g/m² (capa)
1ª edição: 2011
2ª edição: 2016
2ª reimpressão: 2021

EQUIPE DE REALIZAÇÃO

Coordenação Geral
Arlete Zebber

Capa
Estúdio Bogari

Imagem de capa
Retrato de Gertha Felssovanyi,
Gustav Klimt, 1902 – Getty Images

Assistência Editorial
Alberto Bononi
Jennifer Rangel de França

Impressão e acabamento
Gráfica Elyon